藏书

珍藏版

周易全書

赵文博 主编

壹

辽海出版社

图书在版编目（CIP）数据

周易全书／赵文博主编．—沈阳：辽海出版社，2016.4
ISBN 978 - 7 - 5451 - 3692 - 0

Ⅰ．①周… Ⅱ．①赵… Ⅲ．①《周易》Ⅳ.
①B221.1

中国版本图书馆 CIP 数据核字（2016）第 048738 号

周易全书

责任编辑：柳海松　冷厚诚
责任校对：顾　季
装帧设计：马寄萍
出 版 者：辽海出版社
地　　址：沈阳市和平区十一纬路 29 号
邮政编码：110003
电　　话：024 - 23284473
E - mail：dyh550912@163.com
印 刷 者：三河市天润建兴印务有限公司
发 行 者：辽海出版社
开　　本：787mm × 1092mm　1/16
印　　张：160
字　　数：2100 千字
出版时间：2016 年 12 月第 1 版
印刷时间：2016 年 12 月第 1 次印刷
定　　价：1380.00 元

《周易全书》编委会

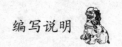

编写说明

　　《周易》是最古老的中国文化典籍之一，是一部以占筮书形式出现的含有深遂而奇特的哲学思想的著作。早在战国时期，《周易》就看作经典，汉代跃居群经之首。长期以来《易》学著作层出不穷。

　　当前对新一轮"易学热"我们所应持的态度是"继承"和"创新"。继承《周易》丰富的文化遗产，必须把它与新的东西相融合，赋予它原来所没有的新的内容。

　　正如许多专家学者所共识的那样，"创新"是对传统的更新。而更新不仅用当代人习惯用语解释《周易》，更重要的是以现代科学思维，说明传统哲思的特点，参照最新的西方思维模式作镜鉴，发掘中国传统哲学思想的真知灼见，创建适应社会要求的、中国特色的易学体系，为现代社会服务。

　　本书共分三部分：一、周易译析；二、周易研究；三、周易智慧。《周易译析》对《周易》运用辩证思维方法论述阴阳变化规律作了深入地解析，通过对卦例分析，探索卦爻义理，取其精华，剥去迷信外衣，意在使初接触《周易》的人们对易学获得一个整体概念。而《周易研究》，对周易内容做了全方位的象数探索和义理发挥，以现代人的全新视角回答了如下问题：为什么《周易》能够以其强大永恒的魅力，吸引着历代帝王将相、平民百姓、鸿儒学者、江湖术士？为什么奇人智者，

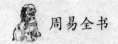

凡夫俗子能够从中找出国家治乱振兴，个人生死得失的合理解释？又为什么能令现代人追寻到对"天、地、人"的本质认识，决定"当为"抑或"不当为"，以便趋吉避凶，才能得到事业的成功？凡此种种，都无不在为医治我们的"现代病"提供了丰富的启示，《周易智慧》通过大量的事例生动地阐释《周易》的深邃的哲学思想，让我们从中悟出经世致用的哲理，它是我们学习和研究周易的重要参考典籍。

本书由林之满主编，徐敬人、张林副主编，参加编写的还有李民、汪玢玲、李丽丽、吴志樵、邹德金等人。

由于本书规模较大，编写时间仓促，编者水平有限，书中难免存在疏虞之处，恳请广大读者不吝指正。

目　　录

周易译析

周易研究

上　经

乾卦第一　☰

乾下乾上　乾①元亨，利贞。②

初九　潜龙，勿用。③

九二　见龙在田，利见大人。④

九三　君子终日乾乾，夕惕若，厉无咎。⑤

九四　或跃在渊，无咎。⑥

九五　飞龙在天，利见大人。⑦

上九　亢龙，有悔。⑧

用九　见群龙无首，吉。⑨

【注释】

①乾卦：上卦下卦均为乾，象征天，纯阳至健之美德。"乾"即健，即天，指日影移动的法则，"坤"是地，"有天地万物生焉"。②元亨：顺利大吉。"元"表示天地万物之本

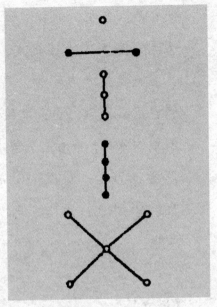

乾画三位图，出自宋·刘牧《易数钩隐图》

始，元气、太初，都由此而来；"亨"指古代祭祀的供品，包括六畜、稻菽和酒；"利"即收获、有利的意思；贞：卜问、预测，"贞"在此有"纯正"的含意。乾卦中的"元、亨、利、贞"是古代大型祭典中太宰的赞辞（祝词），以示天地接同。③潜龙：龙是古代人崇信的代表神祇的动物，它是三栖动物：能翱游太空，潜藏海底，又可行动如飞，云游西方。龙也意味着一种阳刚之气，是正的化身。④

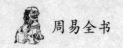

见：现，发现，通现。田：指垄亩大田之间。大人：有大才大德之人。⑤君子：指德高之人。乾乾：努力不懈。即健行不息。惕：警惕，小心谨慎。厉：危险。咎：灾祸。⑥或：有似的意思，或者有人或有时；这里是有时的意思。⑦见：发现。⑧亢：极，高。悔：困厄。⑨用九：无首，即无终结，势在必变中也。

【译文】

乾卦　乾象征天。乾的卦象是六条阳爻，表示宇宙的广阔和层出不穷。乾卦以龙为代表，以"君子"代表人类。筮得此卦大吉大利，祥和坚实。

初九　在初始阶段，像一条潜龙处在相对静止之中伏在深渊，循世无闻，不轻举妄动，意指暂时不宜施展才能，不会有明显的发展。

九二　随着时间的发展，像一条潜龙出现在田野，又如种子胚芽破土而出，崭露头角，有利于大才大德之人出世。

九三　君子刚得过重，以致劳作不息，却终日戒惕

4

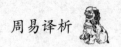

忧惧，这样，遇到了危险，虽可以免遭灾祸，但也未免
太艰苦卓绝。

　　九四　此时潜龙已跃出了低渊，伺机而动，有时腾
跃而起，有时潜退渊谷。

　　九五　潜龙刚健得中，飞上天空受到大德大才之人
的拥戴。

　　上九　潜龙飞得过高，必然遭到困厄，说明事物的
转化，满招损。

　　用九　意指新旧事物的转化。天空出现一群巨龙，
首尾不见，变化没有穷尽，吉。

【解析】

　　此卦六爻爻辞，揭示具有开创气质的阳刚
元素的发展变化规律，龙由潜而见，由跃而
飞，喻示事物的发展是按照由酝酿到发展、由
低级到高级的变化过程进行的，并将向它主导
方向发展一吉。

　　九三爻辞，谓朝乾夕惕，虽厉无咎，喻示
经过奋发努力，可化险为夷，转危为安。

　　但亢龙有悔，一旦轻举妄动就终将有所悔

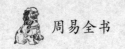

恨喻"物极必反"、祸福相倚的深刻哲理。

坤卦第二　☷☷

坤下坤上　坤^①元亨,利牝马之贞。君子有攸往,先迷后得主,利。西南得朋,东北丧朋。安贞吉。^②

初六　履霜,坚冰至。^③

六二　直、方、大,不习,无不利。^④

六三　含章,可贞。或从王事,无成有终。^⑤

六四　括囊,无咎无誉。^⑥

六五　黄裳,元吉。^⑦

上六　龙战于野,其血玄黄。^⑧

用六　利永贞。^⑨

【注释】

①坤卦:上卦下卦均为坤,为地,象征宇宙纯阴至顺的灵德;坤也有伸的意思,乾是日光普照;坤,地气充溢。②元亨,利牝马之贞:元亨,前途非常亨通、顺利。牝马,母。"乾为马",而马代表天,为阳性;坤卦言

"牝马"则属阴性，故称地。攸：所。因此说坤在"东北丧朋。"③履：踏。霜：这里是用薄霜象征阴气初起，预示严寒将至。④直、方、大：天圆地方，博大无边，这里表示坤之德性。直：正直；方：端方；大：弘大。⑤章，文采绚丽，美德。王：指乾，指君王。⑥括囊：束紧口袋，缄口不言。⑦黄裳：黄色服饰。黄色在"五色"之中，象征中道，中色。裳，下服。古时服装上称衣，下称裳，裳居下，象征谦下。所以说"黄裳，元吉"。⑧龙战：指阴阳交合。阴极阳来而阴气未消。所以有阴阳二气交合的"龙战"之象。玄黄：玄为天色，黄为地色。所谓玄黄是天地：色混杂不明阴阳互渗难别。⑨永贞：占问长久之吉凶。

【译文】

坤　像大地一样柔顺和包容。坤卦上可承乾天，下可容天物，表现了坤地的广博。筮得此卦大吉大利，兀其有利于占问牝马之德性。君子出行，筮得此卦，不宜先行。始则迷失方向，继而可寻得所在追求的目标。宜

往西南方向，坤与西南合，西南为乾，不要往东北方向，东北为艮，为山。往西南能够遇到朋友，往东北则遇不到志同道合的人。如果占问是否平安，筮得此卦可获吉祥。坤是配合乾为天地，但其中又有对当时的策略性比喻。

初六　走在薄霜的上面，已知坚硬的冰块就要到来了，预示严寒将至，这是见微知著，说明乾阳已转化，开始了坤阴的时间运转。

六二　"直"指纵横上下，"方"是指面积的前后左右，故有"天圆地方"之说。"大"指无穷无尽。"习"为演化，运动。意思是，柔顺之德，纵向无边，横向无涯，宽厚而博大，具备了这样的美德，不需要再耍小聪明了，否则聪明反被聪明误。

六三　具备着美好品德，无成而有终。辅佐君王大业，起初可能无所建树，

最后总能克尽臣职，得到好的结果，说明大度有包容之心的人能成就大器。

六四　韬光养晦，守口如瓶，可以免遭灾祸，但是只能求无过，却不能获得美誉。

六五　穿着黄色裙裳，保持恭顺的德性，结果

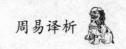

大利。

上六 龙战于原野，血流遍地，两败俱伤。

用六 通观此卦可得知天地初开，天离不开地，地离不开天。这是天地运行之道。依此行动，则吉。

【解析】

坤卦的卦爻辞性属阴柔，以象征大地母亲那艰苦奋斗，滋育子孙的胸襟与德能。强调坤的柔弱、顺从、居下的特性，主张柔顺地辅助君主。

"履霜，坚冰至"，是对自然气候变化规律的总结，含有事物发展由量变到质变的哲理。

屯卦第三 ䷂

震下坎上 屯①元亨利贞。勿用有攸往，利建侯。②

初九 磐桓，利居贞。利建侯。③

六二 屯如邅如，乘马班如，匪寇婚媾；女子贞不字，十年乃字。④

六三 即鹿无虞，惟入于林中；君子几，不如舍，

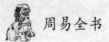
往吝。⑤

六四　乘马班如，求婚媾，往吉，无不利。

九五　屯其膏，小贞吉，大贞凶⑥。

上六　乘马班如，泣血涟如。⑦

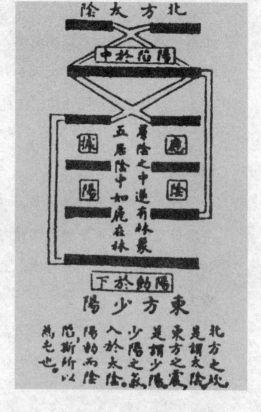

屯象图，出自宋·佚名《周易图》

【注释】

①屯卦：震下坎上，幼苗破土的初生状态。"屯者，物之始生也。"②勿用:，不宜用，宜。建侯：授爵封侯。③磐桓：磐：大石；桓是树名，大石压住树头，比喻前进踌躇难行。居：居处，住所。④屯如，邅如：乘马欲进，又班师而回。表示行进艰难。匪：通"非"。不字：不嫁人。字，古时礼仪，女子订

婚后即用簪子插住发髻；这里引申为许嫁。⑤

即鹿无虞：追鹿而无虞人作向导。虞人，古时

管理山林之官名。几：求。舍：放弃。吝：

恨、耻。⑥屯：积聚。膏：油脂。小、大：指

少量和大量。⑦泣血：痛哭至眼睛出血。涟

如：泪水不断的样子。

【译文】

屯 一般指粮草的屯积，或人遇困难时也会屯留。
屯卦卦象是下单卦为震，上单卦为坎，为水。象征初
生。筮得此卦大吉大利，和谐坚实。不宜冒昧行动，只
要锲而不舍，有利于进封。屯象是静止的状态，但能相
对保存自己。

初九 徘徊流连，难于前行。但只要刚强居正，获
得民心，也有利于授爵封侯。应持以退为进的策略，要
像磐石一要稳定、沉着，以谋将来之发展。

六二 开始时想赶路，但继之原地打转，徘徊不
前。因为他们杂路不前，还以为他们是贼寇呢。这时他
就想找个带路人，能找到吗？如同女子也只有到了可以
谈婚论嫁的年龄，才可以嫁给他。何况小伙子自己也要
有点功名呀。

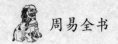

六三　打猎中没有向导，会误入山林迷途中。如果出兵征战，没有同盟相助，则会孤掌难鸣。在这种情况下，与其继续追逐，不如舍弃而回返；一意前往，必遭艰难。

六四　乘马的人可以找到向导了，人家愿意帮助，就像答应求婚一样，无往而不利。

九五　雨是由云层中降下的水，适量雨水能滋润禾苗，多了，就成灾了。

上六　物极必反。乘马的人过于大张旗鼓，兴师动众，这就会好景不长，而引来血的教训。

【解析】

"屯"，下震上坎，象征雷雨并作，险象横生。万物初生步履维艰，在艰险困苦里边，有着美好的前途，故曰"屯，元、亨、利、贞"。全卦正是扣住这一旨意，启迪人们要注意化险为夷。当险难出现的时候，要有依靠力量，如"磐桓"（坚强的石柱）之类。居家的就可以安居，有国的就可以封侯。新生事物艰难成长，对某些似是而非的事物，要取分析态度，作出恰当的判断，千万不能把为"婚媾"而来的人群当做盗寇。在关键时刻要善于作出正确的选择，做到"君子几不如舍"，不能因小失大。

蒙卦第四 ䷃

坎下艮上　蒙①亨，匪我求童蒙，童蒙求我。初筮告，再三渎，渎则不告。利贞。②

初六　发蒙，利用刑人，用说桎梏，以往吝。③

九二　包蒙，吉。纳妇，吉。子克家。④

六三　勿用取女，见金夫，不有躬，无攸利。⑤

六四　困蒙，吝。⑥

六五　童蒙，吉。

上九　击蒙，不利为寇．利御寇。⑦

【注释】

①蒙蒙：卦名。坎下艮上，意：覆，被。蒙昧蛮荒之象。②童蒙：无知之人。蒙，蒙昧，指需要教育的人。再三：这里承前省略了

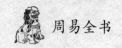

一个"筮"字，所以"再三"即"再三筮"，意为接二连三地占筮。渎：亵渎。③发蒙：开启蒙昧人之智慧。刑人：体罚或刑罚人，带有强制性。说：通"脱"。桎梏：古代刑具名。铐在足上称桎，铐在手上称梏。以：而。④包蒙：强调教育的广泛。纳妇：迎娶媳妇。子克家：家不指一个小家。这里有修身治国的意思。⑤取：通"娶"。金夫：美称，指貌美郎君。不有躬：不顾体统，自失其身。⑥困蒙：陷于蒙昧之中的人。⑦击蒙：用严厉的办法管教，但不能过头。

【译文】

蒙卦　蒙：愚昧。蒙卦卦象是下单卦为坎，为水；上单卦为艮，艮为山。蒙昧无知的人，是否能改进，不取决于我们，而是蒙昧无知的人要有诚意改革自新。初次前来占筮，告诉他吉凶；接二连三地占筮，便是对占筮的亵渎了，这样，便不再告诉其吉凶，因为求学与施教都要持严肃的态度。

初六　改造初始，即要法规严明，甚至强制对被改造人的惩戒。如果放任自流，就是管理不善，将困难重重。

九二　受教育者很多，教育者要以"有教无类"的原则一视同仁，这未必不是好事，正如娶妻纳妾一样天经地义。人们接受教育后才能修身、治家。

六三　不宜娶这个女子为妻，因为她见到美貌郎君就动心了，甚至以身相许，这个女人不接受教育，故不可教也。

六四　陷于蒙昧无知的人，深深被愚昧所困扰，远离了接受教育的条件，故处境艰难。

六五　没有敌意，无邪念的蒙昧无知的人可以启发教育，必获吉祥。

上九　要惊醒愚昧无知的人促其转化，但不宜采用过激的行动使矛盾激化，而如果你的方法对头，被教育者的坏习气便可以改掉。这样才是吉利的。

【解析】

蒙卦重在开导统治阶层要妥善处理各阶层的关系。反映出古人对教育，启蒙的重视。启蒙可以培养人的美好品德，使其走正道，这是神圣的功劳。蒙昧之人并非一成不变，只要引

导得法，蒙就可以转化为不蒙。刑人脱去枷锁，亦可为我所用。

需卦第五 ䷄

乾下坎上　需①有孚，光亨，贞吉。利涉大川。②

初九　需于郊，利用恒，无咎。③

九二　需于沙，小有言，终吉。④

九三　需于泥，致寇至。⑤

六四　需于血，出自穴。⑥

九五　需于酒食，贞吉。⑦

上六　入于穴，有不速之客三人来，敬之，终吉。⑧

【注释】

①需卦：乾下坎上，象征等待。"物种不可不养，故受之以需。"需也作饮食解。②孚：诚信。光亨：大为通顺。③郊：城邑之外。恒：此指恒心。④沙：沙滩。小：少。言：议论。⑤致：招来。⑥血：血泊，此指危险。出：离开。穴：陷阱。这里比喻险恶。⑦酒

16

食：此指酒宴。⑧入：不速之客：未经邀请而来的客人。

【译文】

需卦　需：需要。需卦卦象是下单卦为乾，为发展中的政权。上单卦为坎是坎水、坎险。象征等待，即使前面有险阻，但能有正当的等待方法心怀诚信，自然光明亨通。有利于涉越大江大川，有利于前程。

初九　有阳刚之勇，但极易犯难而行，故要在郊野中等待，宜持之以恒，才无灾祸。

九二　沙与郊野又靠近了一步，应为水边了，在水边上等待。有回旋的余地，但也引起争议，此时如能耐心等待，并一致行动，最后还是吉祥的。

九三　由沙滩进而到达河边泥泞之中等待，此时已有险境，并已短兵相接，且勿冒险而行。

六四　此卦不仅有水，有泥，还有血，在浴血奋战，但能脱离险境。

九五　从险境中出来，竟然受到热情的接待，此卦在酒食宴中等待，占之必获吉祥。

上六　陷入险境，不速之客"三人"（三阳）来访，但只要有乾阳接替，可催促转化，最终必获吉祥。

【解析】

《易》对"需"予以赞美,认为"需"包含着诚信,抱有信念,耐心等待,结果广大而亨通。"需"反映的是某一件事或一项事业,在最初阶段必须耐心等待时机。等待必须合乎规律,才可能遇险化险而达光明亨通的境地。

讼卦第六

坎下乾上　讼①有孚,窒惕,中吉,终凶。利见大人,不利涉大川。②

初六　不永所事,小有言,终吉。③

九二　不克讼,归而逋;其邑人三百户,无眚。④

六三　食旧德,贞厉,终吉。或从王事,无成。⑤

九四　不克讼,复即命,渝。安贞,吉。⑥

九五　讼元吉。⑦

上九　或锡之鞶带,终朝三褫之。⑧

【注释】

① 讼卦：下坎上乾，象征争讼、争论。有孚：指诚信。② 窒惕：阻塞。③ 永，久长。不永所事：不长久困于争讼之事。④ 不克讼：争讼失败。归而逋：逃亡，逃避。

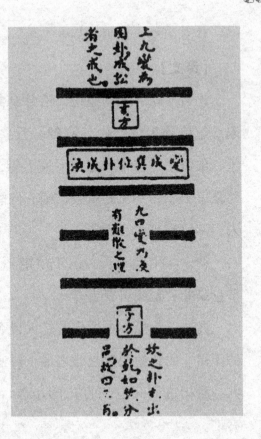

讼象图，出自宋·佚名《周易图》

邑：封地，古代三百户为一邑是小国。眚：过失：灾祸。⑤食旧德：吃昔日俸禄。贞厉：正确但危险。⑥复即命：回归正理。渝：改变习性，改变初衷。⑦讼：这里指“决讼”，即审断讼案。⑧锡：通“赐”。鞶：大带。古代根据官阶颁赐的腰带，上或有金玉之饰。终朝：

终日，整天。褫：剥夺。

【译文】

讼卦　讼：象征争讼。讼卦卦象是下单卦为坎，险陷；上单卦为乾，代表刚健。只要心怀诚信，加以警觉，申辩中，持中和之道不偏不倚，可获吉祥；如果始终强争不息，不见好就收，则有凶险。利见大德大才之人，不宜涉越大江大川。

初六　不利于长久困于争辩不休中，应减少口舌，平息是非，最终可获吉祥。

九二　食邑：古做作官之人世袭为生，食先祖领地的俸禄。明智地退出是非之地，暂避到有利于自己的地方，意指逃到只有三百户的小邑，便可息事宁人躲过灾难。

六三　安享昔日俸禄，守住纯正的美德，虽然此地仍会有不中不正之事，但最终可获吉祥。或许还有辅佐君王的可能，但居功不足。

九四　争讼失利，回归正理，改变争讼的初衷，安贞守正，则可以平安无事。过去的功败，得失皆可不计。

九五　审断争讼，应判明是非曲直，并从事情开端就将争讼平息下来。中正无讼则吉。

上九　也可能由于决讼清明而荣获颁赐或加封，但由于君王反复无常，一天中又三次下令收回，这是要警觉的。莫忘荣辱。

【解析】

讼卦的思想，在今天仍给人以启示。强调"有孚"。"孚"是"信"的意思，这首先是指"诚信"、"信实"，也就是事实确凿，实事求是，这是打官司有信心的可靠依据。但即便这样，打官司也仍要强调一个"惕"字，即有戒惧之心，谨慎从事。讼卦强调"不永所事"与"复即命"。前者是说不要陷入拖延不决的困境；后者在今天来看就是接受调解。倘若一意孤行，纠缠不休；或不知进退，不接受较为公平的调解而改变行动，这最终也是会自受其害的。所以讼卦说"不永所事……终吉"，又说"复即命，渝，安"，包含着有益的经验，可结合实际情况加以运用。

师卦第七 ䷆

坎下乾上　师①贞，丈人吉，无咎。②

初六　师出以律，否臧，凶。③

九二　在师中吉，无咎；王三锡命。④

六三　师或舆尸，凶。⑤

六四　师左次，无咎。⑥

六五　田有禽，利执言，无咎。长子帅师，弟子舆尸，贞凶。⑦

上六　大君有命，开国承家，小人勿用。⑧

【注释】

①师卦：坎下坤上，讲战争理论。②丈人：老成持重者，此指军事统帅。③律：军乐，有行进退丛的功能。号令作用。否臧：不善，不好。④在：统率。中：中正。王三锡命：君王多次颁赐奖赏其功。锡命：发布奖赏的命令。⑤舆尸：用车载运尸体，比喻兵败如山。⑥左次：驻扎在左方。如驻扎在左低右高

的地势上，利于防御和攻击。⑦禽：动物。执言：责难，声讨。弟子：次子。⑧大君有命：君王降下诏命，论功封爵。开国：封诸侯，开创千乘之国。承家：授大夫，承袭百乘之家。家，大夫封地。小人勿用：意在用君子，不要用小人。

【译文】

师卦卦象是上单卦为坤，坤为地，为母；下单卦为坎，为水，是险与水。师卦：指军旅而言。军事上以刚直中正，听从天命，众望所归的统帅率师出征才能非常吉利，必无灾祸。

初六　军队出征，必须号令如山，军纪严明，对敌战斗才有震慑力；如果治军不严，军纪败坏，必有凶险。

九二　统率军队出征打仗，只要持守严明中道又有英明将军，此将军又能得到君王的赏识，并三度给以褒奖，则可获吉祥。

六三　卒缺乏将军之才，却刚愎自用，盲目行事，擅自用权，最后兵败如山，大败而归，主凶。

六四　布阵得当，能守能攻，并严阵以待，可免灾祸。

六五　打仗和打猎一样，王者之师，用将必须刚断，如命长不出师，即指有才能的统帅指挥作战，复又让小人，无能之辈参与争功，势必大军败北，即使声势浩大，也大而无功。

上六　班师回朝，天子颁布诏命，论功封爵，大功封侯，赐土地；功次之的封卿，但要重用君子，不要重用德才都差的小人。

【解析】

师卦经文有两点值得注意：首先，"师出以律"，是古人实践经验的总结，对我们今天仍有指导意义。其次，反映"任人唯贤"。大人"开国承家"，"小人勿用"，正是统治阶层用人之道。

比卦第八　䷇

坤下坎上　比①吉。原筮，元永贞，无咎。不宁方来，后夫凶。②

初六　有孚比之，无咎。有孚盈缶，终来有它吉。[3]

六二　比之自内，贞吉。[4]

六三　比之匪人。[5]

六四　外比之，贞吉。[6]

九五　显比。王用三驱，失前禽，邑人不诚，吉。[7]

上六　比之无首，凶。[8]

【注释】

①比卦：坤下坎上，象征亲近、亲辅；协和邦国之意。②原筮：旧筮，指再三占筮。原，追寻之辞。元：下脱一"亨"字，所以"元"即"元亨"，意为大吉大利。永贞：占问长期之吉凶。不宁方来：不安宁的事可并行而至。方国：商周时代对少数部落的称呼。后夫：后来者。③有孚比之：有诚信之心者前来亲辅。盈缶：美酒装满酒坛。缶：大肚小口，用来盛酒的瓦罐。终来有它：最终会发生意外情况。④内：内在要求。⑤匪人：非其人。⑥外比：向外亲辅。⑦显比：明显地亲辅。三驱：不合围，开一面之网。诚：诚告。⑧无

首：没有首领，即没用对象。

【译文】

比卦　象征亲辅。比卦卦象是下单卦为坤，为地；上单卦为坎，为水。比卦卦象是众星捧月之象。此卦吉祥。当年古人筮遇此卦，必有吉利，占问长久之事，没有灾祸。辅指古代的车子是用木做的，但车轮两旁的木楔与车子是一体的，车轮的木楔必须依从车子而转动。正如，不愿臣服的邦国看到势头不对也都来朝，迟缓而来者必成独夫民贼，必有凶险。

初六　诚信归顺的人前来辅佐，必无灾祸。诚信之意就如装满美酒的酒坛，最终会有人前来依附，肯定会有意外的吉祥。

六二　臣以人事君，忠贞之笃，必将吉祥。

六三　所亲辅的人不是忠贞的人，既以伤世，还可自伤，其害惨重。

六四　向外依附，也不能什么人都投靠，要选择贤明之君，才可获吉祥。

九五　招贤纳士应当宽宏无驻，竭诚欢迎所有前来投靠的人。正如君王狩猎，三方驱围，网开一面，舍逆

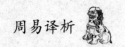

而取顺。使邑人都不惧怕之，这样才会吉祥。

上六　开始时没想去亲辅去投靠，现在事过境迁，为时晚矣。凶。

【解析】

比卦讲的是人与之间的相交之道，强调亲比的重要性。亲比的范围比较广泛，或自内亲于外，或自外亲于内，或自下亲于上，或自上亲于下。亲比的原则在于诚信、忠贞。与没有诚信、缺乏忠贞的人亲比，是"比之匪人"，结果必遭凶祸。

小畜卦第九　☲

乾下巽上　小畜①亨。密云不雨，自我西郊。②

初九　复自道，何其咎？吉。③

九二　牵复，吉。④

九三　舆说辐，夫妻反目。⑤

六四　有孚，血去，惕出，无咎。⑥

九五　有孚挛如，富以其邻。⑦

上九　既雨既处，尚德载，妇贞厉。月几望，君子征凶。⑧

【注释】

①小畜卦：乾下巽上，象征阴柔力量的聚集，有"止"的意思。小，少。畜，通"蓄"。②自我西郊：浓云从我邑西郊而起。③复自道：回归自身的道行。④牵复：牵连而复回。⑤舆：大车。说：通脱。辐：古代车子上固定车轮于轮轴上的掣栓。说：同悦。反目：失和。⑥孚，诚信。血去：排除惊恐。血，同"恤"，忧虑。⑦挛：拘系，捆绑。如：样子。富以其邻：与邻人同富。以，与。⑧既雨既处：天已降雨，雨已停息。尚德载：还可以运载。德，同"得"。几望：即既望，古代历法，每月十六日为"既望"。征：出征。

【译文】

小畜卦　象征小有积聚。小畜卦卦象是下单卦为乾，为天，为健；上单卦为巽，巽为风。风行于天上。

筮得此卦亨通。浓云密布虽不降雨，云气从我邑西郊升起，终归会下大雨。意旨文章才艺与道德君子尚未到大有作为的时刻。

初九　不要太过刚阳，要回归自身的道行，才不会有什么灾祸。过于猛烈了，就要回头，这才吉祥。

九二　与志同道合的人携手而进，处于中庸而得正，也能获得吉祥。

九三　阳刚前行，阴柔挡道，正如车轮脱了轴，夫妻反目为仇。

六四　如能谦容大度，并得到有力的相助，就可以避免伤害和恐惧，远离伤血之灾，有惊无险。

九五　只要以诚信之德与人相处，并真诚配合，便可刚柔相济，共同致富。

上九　天上已然降下大雨，风已经停息。积集的德行与富贵都可用车轮来载运了，这时就要想到福、灾所依之事，未雨绸缪，以盈满告诫自己，家道也是如此，悍妻持家，必有祸秧。

【解析】

　　小畜卦爻辞讲的是小有积聚，多反映古代

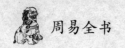

游牧民族的生活图景。放牧。要选择好的天气，还要防范强者的抢劫。"密云不雨，自我西郊"，反映天气变化的自然规律。

履卦第十　☰

总下乾上　履虎尾，不咥人，亨。①

初九　素履往，无咎。②

九二　履道坦坦，幽人贞吉。③

六三　眇能视，跛能履，履虎尾，咥人，凶。武人为于大君。④

九四　履虎尾，愬愬，终吉。⑤

九五　夬履，贞厉。⑥

上九　视履考祥，其旋元吉。⑦

【注释】

①履卦：兑下乾上，象征谨慎行走。履又为足，践也。咥，咬。②素：质朴无华。履：此为谨慎行走的意思。③幽人：安适恬淡之人。④眇：目盲即眼不能视。武人：勇武之

人。为：作为，引申为效命。大君：君王，天子。⑤恕恕：谨慎申诉的样子。⑥夬：果决。⑦视：回顾。考：考察。祥：此指吉凶祸福的征兆。旋，返。

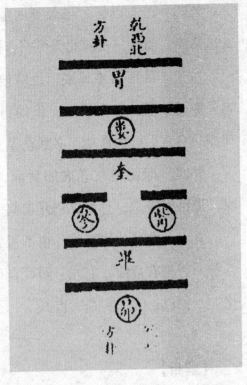

履虎尾图，出自宋·佚名《周易》

【译文】

履卦　象征谨慎行走。履本意是"踩"。履卦卦象是下单卦为兑，为泽，为柔；上单卦为乾，为刚健。态度谦和，中正无私，即使行走时不慎踩了老虎尾巴，老虎也不会咬他。亨通顺利。

初九　衣着质朴，行走谨慎，做什么事都没有灾祸。这是指能唯守中道以自安，故吉。

31

九二　正志以居，与天下凶危相忘，抑志而养德，安适恬淡，当吉。占问此爻可获吉祥。

六三　目盲偏要观察，足跛偏要行走，志怀叵测，无忌惮而鼓乱，必有凶险。正如勇武之人为君王效命，却拥兵自重，好大喜功，必然伤及王朝。

九四　即使走在老虎的后面，但只要我们戒慎戒躁，谦谦而警觉，总可以避开灾祸，施展报复。

九五　即使位居尊位，也不可冒然行事，避免独断专行。否则有危险。上九　回顾自己的行事处方，肖弸化灾，善以长人，实是大吉。

【解析】

履卦讲的是人在社会如何实践、如何处世的问题。认为履道险恶，贵在慎、谦。同是"履虎尾"，由于态度不同，结果相反。以戒慎心情对待，结果"终吉"；自以为"眇能视，跛能履"，趾高气扬，结果凶险。可见，谦柔能自保，刚强则丧生，柔弱胜刚强。

泰卦第十一　䷊

坤上乾下　泰①，往大来，吉，亨。②

初九　拔茅茹，以其汇，征吉。③

九二　包荒，用冯河，不遐遗；朋亡，得尚于中行。④

九三　无平不陂，无往不复，艰贞无咎。勿恤其孚，于食有福。⑤

六四　翩翩，不富以其邻，不戒以孚。⑥

六五　帝乙归妹，以祉元吉。⑦

上六　城复于隍，勿用师。自邑告命，贞吝。⑧

【注释】

　　①泰卦：通也。坤上乾下。象征自然与社会的祥和美好。②小往大来：小的往外，大的来内。③汇：同类会信。茹：草根。茹以其汇：草根的根相连，以致牵连其同类。④包荒：荒是污秽，包是包容。冯河：即遇到虎，徒于搏斗；遇到河，毅然泅渡。不遐遗：不因

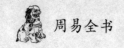

偏远而遗弃。遐，远。朋亡：不要结党营私。朋，同道，同党。亡，通"无"，音义同。得尚于中行：能辅佐德行持中的君王。尚，辅佐。中行，德行持中不偏。此指六五爻。⑤陂：山边、水旁倾斜之处。艰贞：占问患难之事。勿恤其孚：不必忧虑返还。恤，忧。孚，返回。于食有福：有口福之吉。⑥翩翩：鸟疾飞样，比喻人举止轻浮。戒：戒备。孚：诚信。⑦帝乙归妹：帝乙嫁女。帝乙，纣王之父。归妹：嫁女。以祉：以之祉。意为因此而得福。以，因。之，代"帝乙归妹"。祉，福。⑧隍：干涸的护城河。勿用师：不可出兵征战。师，军队。告命：祷告天命。

【译文】

泰卦　象征通泰。泰卦卦象是下单卦为乾，为天，为健；上单卦为坤，为地。乾下坤上是地在泰的卦象。筮得此卦必获吉祥。

初九　拔除茅草，从其根部萌发的情况，就可知道是否春回大地，该开始播耕了。连根拔除茅草，也象征干事要以团结志同道合的人一起去汇征。

九二　如果有包容大川的胸怀，对外能容忍他人之不足，对己有临危不惧，果断处之的作风，于公对私光明磊落，持中正之道，必吉。

九三　没有只平直而不倾险之地，也没有只出行而不再返还的人；平之必陂，往之必复，这是自然之理。故要坚守中正之道，并相信该来的一定会来。该有饭吃，该有酒喝，自然会来，这就是福。复有福吉。

六四　用鸟的轻盈飞翔，比拟人之轻狂冒进，不能保住财富，人没诚信就成为阳实阴虚的状态，因而，丧失了实力。

六五　帝已位居尊位，却能将自己的妹妹下嫁给自己的属臣，以柔居中，合于帝已大吉，也体现了满朝的福祉。

上六　城墙倾倒在城壕之中，不可以动用很多人去修复，因为此时已盛极已衰。也不宜在城邑中乞求援兵，难免有羞辱。在城邑中祷告天命，占问必有艰难之兆。

【解析】

本卦从不同角度强调："小往大来，吉。"
认为阴阳之间相交感能够获吉，有着对立统一
的因素；"无平不陂，无往不复"，承认事物是
相对的，有着一切事物向相反方向发展变化的
辩证法因素；"尚于中行"，崇尚中正不偏、提
倡诚实守信。

否卦第十二

坤下乾上　否之匪人，不利君子贞，大往小来。①
初六　拔茅茹，以其汇，贞吉，亨。②
六二　包承，小人吉；大人否，亨。③
六三　包羞。④
九四　有命无咎，畴离祉。⑤
九五　休否，大人吉。其亡其亡，系于苞桑。⑥
上九　倾否，先否后喜。⑦

【注释】

　　①否：不通泰，事不然也。否卦：坤下乾

36

上，象征天地闭塞，阴阳隔绝。匪人：非其人，即不当其人。②茹以其汇：草根牵连其同类。③包承：被包容并承包尊者。④包羞：被包容而为非，故可耻。⑤命：君命；畴：同类人。离祉：受福，依附福德。⑥休否：闭塞止息。其亡：行将灭亡。系手苞桑：系在桑树丫子上。⑦倾否：开通闭塞。倾，倾覆；引申为"转化"。

【译文】

否卦 阴阳阻隔，万物不生，否卦卦象是下单卦为坤，为地；上单卦为乾，乾为天，看似吉象，但在否卦中却是天地背离的卦象。筮得此卦对君子坚守中正之道不利，因为此时是阳气极敛，阴气上升的时候，君子应俭德避之。

初六 秋风劲，枯草黄，小人得势之力已衰，但君子尚需成之，此卦吉。

六二 阴气得势，做非小人表现的谦卑、可笑，而正道君子却超然世外，行动迟缓而消沉。但大人终不可被小人之势所干扰。

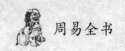

六三　其位不当，小人整日寻欢作乐，珍馐美食。君子却贱恶之。

九四　君子想拯济天下，须依天命而行。君子须排除阻力，行收揽人才体国用人之道。

九五　否极泰来，坤阴当道，有其亡象。但君子力求复兴泰平，仍任重而道远。桑根入土深固，必须惴惴不安。

上九　小人之伎俩已毕尽，天下皆恶之，乘时而倾之，当刚断。吉也。

【解析】

否与泰相反，阴阳相背而不交，呈闭塞状态。闭塞不通，于君子不利。反映崇尚阴阳对应、相互交渗的辩证法思想，认为在不利环境下，时刻防范，小心谨慎，可趋吉避凶。

同人卦第十三 ䷌

离下乾上　同人于野，亨。利涉大川，利君子贞。①

初九　同人于门，无咎。②

六二　同人于宗，吝。③

九三　伏戎于莽，升其高陵，三岁不兴。④

九四　乘其墉，弗克攻，吉。⑤

九五　同人，先号咷而后笑，大师克相遇。⑥

上九　同人于郊，无悔。⑦

同人图，出自宋·佚名《周易图》

【注释】

①同人卦：离下乾上，象征人事和同，集众之意。野：在古代，以国为中心，国外为郊，郊外为野，此指国之外域。②于门：指王门、宫门。③宗：宗族之人。④伏戎于莽：预设伏兵于草莽、树丛之中。伏，埋伏。戎：军队。莽：树丛。升：登上。岁：年。兴：指兴

兵征战。⑤乘其墉：登上城墙，乘，登上即攻
占。墉，城墙。弗克攻：不用进攻。克，能。
⑥号咷：嚎啕大哭。大师：强大的军队。克：
取胜。⑦悔：困厄。

【译文】

同人卦　象征人事和同。同人卦卦象是下单卦为
离，离为火；上单卦为乾，乾为天。两单卦结合为天
火，同人的卦象。在旷野上族众聚集在一起，光与火
聚，人与人同。亨顺利。利于涉越大川巨流，有利
君子。

初九　必无灾祸，会聚臣僚及民众于王门，打破门
户之见，共谋国家大事，必无灾祸。

六二　君子要结交天下善人志士，不可搞宗族，否
则不利于君子之风阐扬天下。

九三　刚健居中，必遭显露，难有胜草。必须在草
丛中设下伏兵，登高而远眺。结果强敌不敢近前一，三
年也没有战争。

九四　虽君子已占优势，但尚不能为此而强用兵，
这是识时务的。

九五　和同之中有哭，有笑，有苦有甘。先悲苦，是因为中正不得伸张，当大家归于一统，又不免破啼为笑。当大军出征告捷，各路兵马相遇会合，同庆胜利时，天下一同。

上九　但愿天下同人。但是这个目的尚未达到。有些桀骜不驯的人还在离群索居。像这种无求同之志的人，虽非他甘心情愿，但他并不后悔。

【解析】

　　同人卦强调团结的重要性。和同的范围越广越好。阴柔属于适当而中正的地位，又与阳刚相呼应，反映人与人之间志同道合的和谐关系。

大有卦第十四　☲

乾下离上　大有①元亨。

初九　无交害，匪咎；艰则无咎。②

九二　大车以载，有攸往，无咎。

九三　公用亨于天子，小人弗克。③

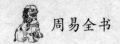

九四　匪其彭，无咎。④

六五　厥孚交如，威如，吉。⑤

上九　自天佑之，吉无不利。⑥

【注释】

①大有卦：乾下离上，象征盛大富有。②
无交害：没有相交的侵害。③公用亨于天子：
君天子，日天子。君临天下者便为天子。公侯
都得向天子进献贡品。亨：进贡的果品珍玉
等。指向天子进献的贡品。弗克：做不到。④
彭：盛大。⑤厥孚交加：用其诚信智谋结交上
下。厥：他的。威如：威严自显。⑥佑：佑
助，保佑。

【译文】

大有卦　象征富有。大有卦卦象是下单卦为乾，为
天；上单卦为离，为火。两单卦结合为乾指刚健，离指
光明，象征应天命，得人心之卦象。年丰人富，百废待
兴，亨通顺利。

初九　与人相处中只求中定而不利害相加，自然不

会招致灾祸；须知只有在艰辛中审戒疑惧才能免遭灾祸。

九二　委以重任、重托，其寄托之期望如用大车运载财货。满负希望前行，再无疑恙了。

九三　公侯向君王进献贡品，以报知遇之恩。君王也赐给饮食。给以礼遇。而小人是不可能仿效的。

九四　鼓声集众，但君位之人能以柔济刚，尚不会有犯上的事端，但身居君位的人要明辨是非。

六五　胸怀坦荡，诚信施德，恩威并举，天下臣服，威严自显，当可获吉祥。

上九　"天自佑之，吉无不利"，佑助从天上降下来，吉祥便无所不至。

【解析】

本卦与《同人》联系紧密。《同人》强调与人和同，《大有》强调与人相交。反映刚健而文明，能顺应天道，按规律办事，使自然和社会呈现和谐景象。

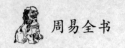

谦卦第十五 ䷎

艮下坤上　谦①亨，君子有终。

初六　谦谦君子，用涉大川，吉。②

六二　鸣谦，贞吉。③

九三　劳谦，君子，有终，吉。④

六四　无不利，捣谦。⑤

六五　不富，以其邻，利用侵伐，无不利。⑥

上六　鸣谦，利用行师，征邑国。⑦

【注释】

①谦卦：艮下坤上，象征敬恭谦虚。亨：指谦虚地待人接物，君子谦而有终，必致亨通。②谦谦君子：指在逆境中不畏缩，不沮丧，在顺境中保持谦和，荣辱不惊的人。③鸣谦：谦虚之名传扬在外。④劳谦：天道酬勤，有功而能谦虚。⑤捣谦：发挥谦虚之美德。⑥利用侵伐：宜用讨伐。⑦行师：兴兵征伐。

【译文】

谦卦　象征谦谨。谦卦的卦象下单卦是艮，艮为山，为止；上单卦为坤，坤为地，为顺。内止知道抑止，乃谦也。只要谦虚地待人接物，做事必然亨通；然而只有君子才能无始也有终，虚心而识时务。

初六　凡君子都是谦而又谦，君子凭着这种谦虚的美德陶冶自己的修养，才可以涉越大江大川，并获吉祥。

六二　柔顺中正是谦虚的美德，真正做到坦诚而光明磊落，不形诸于外，就能深得众人的共识、共鸣，必获吉祥。

九三　能够始终辛劳而不夸耀，功而不骄，并匡济众人。君子能保持美德，必获吉祥。

六四　只要持守发挥谦虚的美德，处人行事便无往不利。

六五　本身虽不富有，但能以德服人，从而得到友邻的拥戴。即使为了征讨侵伐之敌，不得已使用了武力，也让人折服。

上六　传扬谦虚的美名，兴兵征伐，抵御来犯之敌，都是为了显示其德，力量和德分不开。而没有功

劳，又如何能显谦。就是这个道理。

【解析】

　　本卦主要赞颂"谦"德。认为"谦"是人类生活中的高尚品德，人的德行很高，但能自觉不张扬，这就是谦虚的美德。有了它，处世无所不利。

豫卦第十六

坤下震上　豫①利建侯行师。②

初六　鸣豫，凶。③

六二　介于石，不终日，贞吉。④

六三　盱豫，悔。迟有悔。⑤

九四　由豫，大有得。勿疑，朋盍簪。⑥

六五　贞疾，恒不死。⑦

上六　冥豫，成有渝，无咎。⑧

【注释】

　　①豫卦：坤下震上，象征预虑、和悦。②

46

建侯：授爵封侯。行师：兴兵征伐。③鸣豫：喜逸豫好欢乐而扬名于外。④介于石：比磐石还坚贞。介，中正坚定。于，比。不终日：不待终日。⑤盱：张

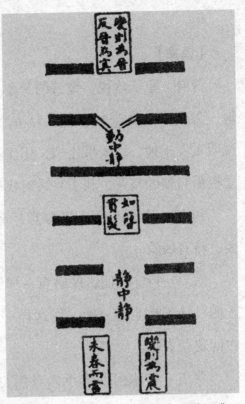

豫象图·出自宋·佚名《周易图》

目，形容媚上之相。迟：迟疑缓慢。⑥由：从，借助，依赖。盍簪：合拢，合聚簪子。簪：古代系绾头发的首饰。盍簪有会集朋友的意思。⑦恒：长久。⑧冥：日暮。这里引申为昏乱、盲目。渝：改变。

【译文】

豫卦　象征欢悦。豫卦的卦象是下单卦为坤，坤为地，为顺；上单卦为震，震为动，为雷。二单卦结合，说明雷发于地。以人事比拟，乐于追随则行动。从而建立授爵封侯的基业、利于兴兵讨伐有罪之师。

初六　凡事不可自鸣得意，夸夸其谈。骄矜而狂妄，将有凶险。

六二　持守正固，像磐石一样坚，而稳妥，该早晨干的，绝不晚上再去做。你这样一丝不苟，自然吉祥。占问定获吉祥。

六三　一味阿谀奉承，自然得到青睐，但必须悔改，如果一再迟疑，终会陷入困境。

九四　众人凭依他而得到欢乐，将大有作为；君子坦诚不疑，贤者不期而至，不会犹虑没有好友。

六五　占问疫病的吉凶，筮得此爻幽忧致疾，人气已微，困穷一生。故必须坚守中正，才能化凶为吉。

上六　沉迷作乐，其势已危，自苦终身，如果能及早改正，没有灾祸。

【解析】

　　豫卦对"豫"持有谨慎态度。反映在安逸和乐的环境中，人们所要避免的是"鸣豫"、"盱豫"、"冥豫"，做到既享受安乐，又头脑清醒，利用好的环境，更好地有所作为。否则，将会带来祸害。

随卦第十七　☱☳

震下兑上　随①元亨，利贞，无咎。

初九　官有渝，贞吉。出门交有功。②

六二　系小子，失丈夫。③

六三　系丈夫，失小子。随有求得，利居贞。④

九四　随有获，贞凶。有孚在道，以明，何咎⑤？

九五　孚于嘉，吉。⑥

上六　拘系之，乃从维之。王用亨于西山。⑦

【注释】

　　①随卦：震下兑上，象征追随。②官：通"馆"，馆舍做官人的居所。渝，改变。交：与

人交往。③系小子：倾心依从小人。系，系属，引申为倾心依从。④随有求：追随别人而有所求。居：居处⑤有孚在道：有诚信之心而持守正道。以明：以光明正大立身。⑥孚于嘉：施诚信给美善者。嘉，指嘉会。祭祀的时候，献上玉佩玉器以示恭敬、诚信。⑦拘系：囚禁。从维：释放。从，即"纵"。亨：祭享。亨，通"享"。

【译文】

随卦 象征随从。随卦卦象是下单卦为震，震为动；上单卦为兑，兑为泽，为悦。两单卦结合，受之以

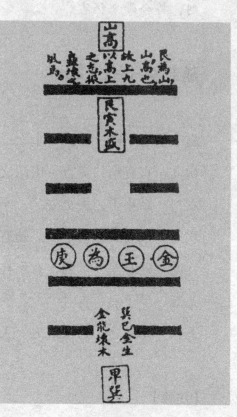

蛊象图，

出自宋·佚名《周易图》

随，随心而动。亨通，利卦，没有灾难。

初九　当出任的官位有了变动，自己应做到恪守中正，荣辱不惊，这才能保住吉祥。出门广交朋友定能成功。

六二　一心依附留恋小人，就会失掉刚直的正人，不要贪小而失大。

六三　依附刚直的正人，摆脱柔顺的小人，可以得利，有利必有得，但动机必须纯正。

九四　你所获得的不是你该获得的，也有凶险，一个人要走道义之门，持守正道，光明正大，才不会有灾难。

九五　将诚信献给美善之人，可获吉祥。

上六　不以精诚感化，只以拘禁，强求其跟随，岂能教人感悦？此非正道，要以王之风范巩固江山。

【解析】

　　易卦把"随"看做"元、亨、利、贞"的体现：视为最高美德。"随"，是有原则的。要随上而不随下。六二随初九是随下，被看做"系小子，失丈夫"，表明随下不可取。六三随

九四，是随上，被看做"系丈夫，失小子"，故曰"随有求得"，表明随上可取。"易"虽推崇"随"，但不主张盲从。若随到极点，则必盲从，结果必然会被人拘系，而成为牺牲品。

蛊卦第十八

巽下艮上　蛊①元亨，利涉大川。先甲三日，后甲三日。②

初六　干父之蛊，有子，考无咎，厉，终吉。③

九二　干母之蛊，不可贞。④

九三　干父之蛊，小有悔，无大咎。

六四　裕父之蛊，往见吝。⑤

六五　干父之蛊，用誉。⑥

上九　不事王侯，高尚其事。⑦

【注释】

①蛊卦：巽下艮上，象征积弊日久，必须救弊治乱。"蛊"字本义为腹中之虫，这里引申为蛊惑。②先甲三日，后甲三日：甲子从十

52

天开始。十天干是甲、乙、丙、丁、戊、已、庚亲、壬癸，一个月三个十天，一旬正好十天。如果将十天排列成一圆，那么甲的前面就是癸、壬、辛，即光甲三日。后甲三日就是乙、丙、丁。③干父之盅：儿子匡正父亲之弊乱。④贞：正，引申为干涉。儿子不能干涉母亲的闺房之事。所以说："不可贞"。⑤裕：这里是纵容、宽缓的意思。⑥用：'以，因。誉：称誉。⑦高尚其事：其事，指专心治家，与"事王侯"相对。高尚，以专心治家为高尚之事。

【译文】

蛊卦　象征积弊日久，拯弊治乱，蛊卦卦象是下单卦为巽，为风；上单卦为艮，为山。两单卦结合风行山止，打旋而邪。盛极而衰，凡事必须防患于未然，才有利于涉越大江大川，用甲前三日甲后三日比喻天时之运转，时事之变化，最后天下大治，长治而久安。

初六　力挽父辈或前任的过失；儿子重整父亲或前任的事业，不指责他们的过错，不抹杀他们的功劳，即

使有些艰难，终可避开灾祸，最终会获得吉祥。

九二　匡正母辈的过失，治理家事，只可用柔承的办法，否则必无裁。

九三　改正父辈的过失，儿子尽管过于刚强，为父辈的败绩而焦躁，但仍不失顺承之道，便没有巨大灾难。

六四　姑息宽容父辈的过错，长此以往，定遭谴辱。

六五　匡正父辈的败绩，重整家业，再建雄风，当受誉。

上九　逸民不乐，在为朝廷效命，而专心治家，可以效尤。

【解析】

　　蛊卦既讲事物积弊不通，更强调对事物积弊不通的治理。"易"赞颂"千父之蛊"，即儿子匡正父辈的弊端。干父之蛊者，或"终吉"，或"无大咎"，或"用誉"，均无不祥。认为"不事王侯"，乃"高尚"之事。

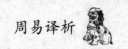

临卦第十九 ䷒

兑下坤上　临①元、亨、利、贞。至于八月有凶。

初九　咸临，贞吉。②

九二　咸临，吉，无不利。

六三　甘临，无攸利。既忧之，无咎。③

六四　至临，无咎。④

六五　知临，大君之宜，吉。⑤

上六　敦临，吉，无咎。⑥

【注释】

　　①临　象征莅临、临察。②咸临：胸怀感
化之心临于百姓。咸，通"感"。③甘：借为
钳，钳制。既：已经。④至：下。⑤知：通
"智"。⑥敦：温柔笃厚。

【译文】

临卦　最为亨通。临卦卦象是下单卦为兑，兑为
泽，为喜悦；上单卦为坤，坤为地，两单卦结合，地临

泽，有一种伟岸的感观。元、亨、利、贞四德俱备，只要持正固本，便有利吉。到了八月时间转凉，阴盛阳退，意指有凶险。

初九　心怀感召之德，莅临百姓，可获吉祥。

九二　以刚毅之德治理百姓，使其折服必获吉祥。

六三　用宽悦甜言的政策治民，并没有什么好处。如果已经足感自己的过分并加以戒慎，没有灾祸。

六四　体察民情造福四海，任用贤能，则无灾祸。

六五　君临百姓，以委任贤能之才，体察民意，并智慧监临，是为天子之道。必获吉祥。

上六　以敦厚宽仁之心治民，授治于刚，辅之以柔，定获吉祥，没有灾祸。

【解析】

　　临卦强调统治者应当临民视事，深入下层，以便密切君民关系。但"临"是有原则的，对"知临"、"敦临"、"至临"、"成临"是肯定的，但对"甘临"持否定态度。所谓"甘临"，是指用甜言蜜语或给人小恩小惠来进行治理. 这是带有欺骗性的。

观卦第二十 ䷓

坤下巽上　观①盥而不荐，有孚颙若。②

初六　童观，小人无咎，君子吝。③

六二　阕观，利女贞。④

六三　观我生，进退。⑤

六四　观国之光，利用宾于王。⑥

九五　观我生，君子无咎。

上九　观其生，君子无咎。⑦

【注释】

①观卦：坤下巽上，象征观仰、瞻仰。②
盥而不荐：盥，古代举行祭祀大典时祭前洗手
称为盥，并延用至今。荐：献祭，指进献酒食
以祭先祖和神灵。盥而不荐是指洗手时的虔诚
心还没有退减，还持守在虔诚的礼拜之中。
孚，诚信。颙：大。若，语助词，无义。③童
观：这里指初涉世的人显得幼稚，浅薄。意为

像幼童一样。④阚观：通"窥"，从门缝或小洞中偷看，意即偷偷窥测。⑤生：通"姓"。进退：指如何施政。⑥用宾于王：在君王那里做客或以宾客之礼朝拜君王。

【译文】

观卦　象征瞻仰。观卦卦象是下单卦为坤，为地；上单卦为巽，为风。两单卦结合为：风行地上。有顺的意思。祭祀之前洗手自洁时便要像进献酒食举行祭典礼拜那样虔诚自躬，方能以自己的仪象、道义展示于人，从而使人民信仰臣服。

初六　庶民无知，不能高瞻远瞩，无可指责，而对于立命君子而言，却是不可理喻之事。

六二　古代女人足不出户，难免有头发长，见识短之嫌，而堂堂七尺男子还从门内窥视之，甚至吹毛求疵，只能坏事。

六三　能观察自己的主张，进不趋类，退不沮丧，便不会盲从了。

六四　观察一国的风土人情，就能观察到这个国家君主的治国之政，君王德政好，尚仕之，有贤的大夫还

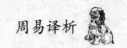

会前来投靠。

　　九五　君子能经常自醒自己所做所为，做到内省外察便不致有远虑。

　　上九　君子外能观国之民俗民情，内能省醒自身，便可尽其道，以图发展。

【解析】

　　观卦提倡把施政方针建立在"观"的基础上，在观本族的同时，也要观他族。"观我生"，考察本族意向，决定施政良策，表明对血族关系的重视。还要"观其生"，考察异族动向，以资借鉴。

噬嗑卦第二十一

震下离上　噬嗑①亨，利用狱。②
初九　屦校灭趾，无咎。③
六二　噬肤灭鼻，无咎。④
六三　噬腊肉，遇毒，小吝，无咎。⑤
九四　噬乾胏，得金矢，利艰贞，吉。⑥

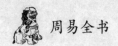

六五　噬乾肉，得黄金，贞厉，无咎。

上九　何校灭耳，凶。⑦

【注释】

①噬嗑卦：震下离上，象征治狱、刑罚。噬是咀嚼，嗑是合嘴。②狱：刑狱。③屦校灭趾：指用麻或藤编成的鞋套刑具遮没犯人的脚趾，不伤皮肉，故刑罚很轻。④噬肤灭鼻：将耳朵割下一些肉，鼻子割下一部分来，虽非重刑，但却是按

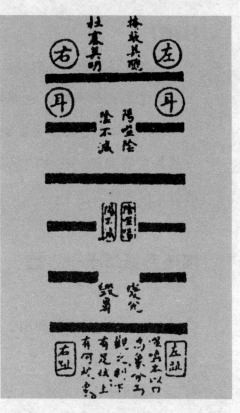

噬嗑身口象图，
出自宋·佚名《周易图》

罪量刑，从达处惩罚而无咎。⑤噬腊肉：意即咀嚼又干又硬且味香的腊肉。⑥乾肺：又干又硬的带骨腊肉。得金矢：金箭横亘其间。下文"黄金"同此。⑦何：通"荷"，意为负荷承受。灭：意为伤亡。

【注释】

噬嗑卦　象征治狱。噬是咀嚼，嗑是合嘴。噬嗑卦是指刑罚。阳阴对抗。其卦象，下单卦是震，震为动，为雷；上单卦是离，离为火，为明。两单卦结合指雷霆施令。施用刑罚，宜于刚政。

初九　量刑不重的刑罚，使人戒惧，不致犯大恶，这对制约犯罪，无疑是好事。

六二　加重判罪，使之鼻肉受苦，刑必当罪，量刑得当，也不失惩治之本。

六三　施用刑罚惩戒犯人，遭遇顽固者，必遇挫折，但只要噬法得当，小有不适，并没有大的灾祸。

九四　遇到棘手的案件，刚而明但不能过分果断和偏激；冷静处理又必须像金箭一样正直无私，避免操作之嫌。所以，棘手的案件处理起来要增加透明度。

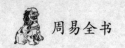

六五　居尊位之人，以中正之德，严格执法，虽立威很严，只要谨慎量刑，则无妨。

上九　肩负木枷堵住了耳朵，定有凶险。

【解析】

　　噬嗑卦是针对触犯刑律的服刑服法强调按罪量刑，恰当严格治狱，处在严重的矛盾对抗之中，刑罚不重则民无所措手足。

贲卦第二十二　䷕

离下艮上　贲①亨，小利有攸往。

初九　贲其趾，舍车而徒。②

六二　贲其须。③

九三　贲如濡如，永贞吉。④

六四　贲如皤如，白马翰如，匪寇，婚媾。⑤

六五　贲于丘园，束帛戋戋，吝，终吉。⑥

上九　白贲，无咎。⑦

【注释】

①贲：卦名。下离上艮，象征文饰。"贲"的本义为饰。②徒：徒步。③须：胡须。④濡：本浸湿，润色。⑤皤：白。翰：天鸡，赤羽也。⑥丘园：丘和园是指在城外的地方。丘：平坦的地方；园：园林。束帛戋戋：束一般指五匹为一束；帛指绸缎、丝织品、棉织品；戋戋是少的意思。⑦白贲：用白色来装饰。

【译文】

贲卦　象征文饰。贲卦的卦象是下单卦为离，为火；上单卦为艮，为山。两单卦结合象征美丽、文采。行为符合礼仪，以文明教化举止，吉。

初九　以刚居下的君子，淡泊明志，虽受以华车而不受，却安于徒步。

六二　胡须随着面腮而动，所以只修饰胡须，又有何用？

九三　以修饰悦人，甚至沉溺其中，有何用？不如

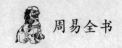

持之中道，更有节风。

六四　将白马装扮得灿若锦鸡，使人疑为贼寇其实不是贼寇，是谁来求婚了，相求合德相好的人。

六五　不要拘泥于礼节，徒于装饰、点缀，还是自然一点好，到丘园陶冶心情，找一份纯真，虽然显得小然，倒也安吉。

上九　身处事外，得行其志，不藉外物之修表，定无伤。

【解析】

贲卦反映古人的审美观。人格美，提倡高尚的人格，不慕虚荣，洁身自爱，宁可徒步走路，也不乘车招摇；装饰美，或贲其趾，或贲其须，婚嫁装饰丘园。同时，还介绍了古代婚嫁的习俗和气派，是宝贵的民俗学资料。

剥卦第二十三　䷖

坤下艮上　剥①不利有攸往。

初六　剥床以足，蔑贞凶。②

六二　剥床以辨，蔑贞凶。③

六三　剥之，无咎。

六四　剥庆以肤，凶。④

六五　贯鱼，以宫人宠，无不利。⑤

上九　硕果不食，君子得舆，小人剥庐。⑥

【注释】

　　①剥卦：坤下艮上，象征剥落剥蚀。②剥床以足：床是人安身的住所。古代床是坐、卧的地方。把床拆了，象征是对人的轻蔑与侮辱。③剥床以辨：辨即指辨，床垫。已侵蚀到床板、床垫了。④肤：床身。⑤贯鱼以宫人宠：受宠爱的宫人鱼贯而来。宫人，宫中妃嫔。以：引。⑥舆：大车。庐：房舍。

【译文】

　　剥卦　象征剥落。剥的过程就是阴邪侵蚀的过程。剥卦卦象是下单卦为坤，坤为地；上单卦为艮，艮为山。两单卦结合正如山体被风云剥蚀。阴邪的侵蚀是对阳正的剥损，不利于有所行动。

初六　床已剥落到床脚，足见阴邪之嚣张，故凶险。

六二　剥蚀已然损及床板、床垫，已十分张狂，必有凶险。

六三　虽然处于剥蚀之中，君子却不肯与之同流合污，小人自知理短心虚，尚无妨。

六四　子茫昧软弱，小人穷困极恶，其祸惨重。

六五　引导宫中妃嫔自上而下，依名次承接君主的宠幸，无不利。

上九　硕果仅存不被蚕食，君子定会受到拥戴，如坐车一样轻快前行。小人阴险，则摘食果必损落。

【解析】

　　本卦爻辞多借梦占预示吉凶。剥卦属于不利之卦。初六至六四通过梦见床足、床板到床上草席的逐渐腐烂，说明事物遭腐蚀是逐渐发展的，是指远期效果而言，是一种预示性的劝戒。六五言宫女鱼贯依次得宠，说明事物循序渐进可以获利。上九说明同一现象对于君子和小人的意义不同。

复卦第
二十四　䷗

复七日图，

出自宋·佚名《周易图》

震下坤上　复①亨。
出入无疾。朋来无咎。
反复其道，七日来复，
利有攸往。②

初九　不远复，无
祗悔，元吉。③

六二　休复，吉。④

六三　频复，厉，
无咎。⑤

六四　中行独复。⑥

六五　敦复，无悔。⑦

上六　迷复，凶，有灾眚；用行师，终有大败，以
其国君凶，至于十年不克征。⑧

【注释】

①复卦：震下坤上，象征复归、返还。②

反复其道：指冬去春来，月盈月亏，年年、月月、日日，朝起暮落，都有定规，法则。七日来复：以晷盘表测日影，按冬至到夏日，测出天行规律以七日为一期，每月四期。"七日"在此象征转化迅速。③不远复：行而不远即复。祗（qī）悔：悔恨。④休：喜。⑤频：频繁。⑥中行独复：居中行正，独自返还。⑦敦：敦促，迫促。⑧迷复：误入迷途而求返还。灾眚：灾祸。行师：兴兵征伐。以：及。克：能。

【译文】

复卦　象征归顺。复卦的卦象下单卦为震，震为动，为雷；上单卦为坤，为地。两单卦结合为地雷复。指阴阳二气循环返复。亨通顺利，出入没有阻隔，志同道合的朋友交往也无妨。每期七天，循环往复，天地万物运行不止，这是天理。没有灾祸。

初九　君子修身，知错必改，走了弯路，返回即好。君子理当自强不息。六二　休养生机，至善至美，必获吉祥。

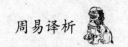

六三　把持不定，屡屡受挫，但能排除干扰，错了重来，必无灾祸。

六四　四阴环拱，不言期吉，应以仁德从道。

六五　刚居尊位，厚重自持，无后悔之言。

上六　柔居非天子之位，天灾人祸相继而来，众臣不服，累及国君，倘有战事，行师将不利，十年终极也不会荡平敌寇。将大凶。

【解析】

　　复卦所说的都是讲复，它通过对各种不同的复，即各种不同的返回的分析，来谈其利弊得失和吉凶。

无妄卦第二十五　☲

震下乾上　无妄①元亨，利贞。其匪正有眚；不利有攸往。②

初九　无妄往吉。

六二　不耕获，不菑，畲。则利有攸往。③

六三　无妄之灾，或系之牛，行人之得，邑人

之灾。④

　　九四　可贞，无咎。

　　九五　无妄之疾，勿药有喜。⑤

　　上九　无妄，行有眚，无攸利。

【注释】

　　①无妄卦：震下乾上，象征不妄为。②其匪正有眚：指元、亨、利、贞即正，不持守正道就会有灾异。匪，非，不。正，指正道。眚，灾祸。③菑：开垦一年的瘠田。这里用作动词，意为开垦。畲：熟田。④无妄之灾：意想不到的灾祸。或：有人。系：拴。行人之得：路人顺手牵走据为己有。邑人之灾：邑中人家遭受缉捕的横祸。⑤勿药：不治疗。有喜：古人称病愈为有喜。

【译文】

　　无妄卦　象征不要妄为。无妄卦的卦象是下单卦为震，震为动，为雷；上单卦为乾，为天。两单卦结合天雷无妄。指天下万物与之相应，不妄行，不妄为也。利卦。持守元、亨、利、贞四德道行，若不持守正道就会有灾异，不宜妄动。

初九　不妄为，承天之命，行天子之道，定获吉祥。

六二　不期望不耕而获，不垦而熟，要静听自然以收其成。有利于所为。

六三　遭遇料想不到的灾祸：比如系在路边的一头耕牛，路人顺手把它牵走据为己有，邑中人家却遭受被缉捕的牵连。

九四　固守中正无妄之理，刚健无私，没有灾祸。

九五　中正得位，坦然任之，正如健康之人患无关生命的小疾，不需用药，即可自愈。

上九　无志妄行，将有灾祸，且自毙之。

【解析】

　　无妄卦的卦辞讲："无妄：元亨，利贞。其匪正有眚，不利有攸往。"意思是说一个人思想、行为不虚妄，就能通达顺利。思想行为不正，就有灾祸，不利于所行。而人的行动要不虚妄，就要顺着客观规律而动；如果逆规律而动，就是轻举妄动，就会有灾祸。

大畜卦第二十六

乾下艮上　大畜①利贞。不家食，吉。利涉大川。②

初九　有厉，利已。③

九二　舆说輹。④

九三　良马逐，利艰贞。日闲舆卫，利有攸往。⑤

六四　童牛之牿，元吉。⑥

六五　豮豕之牙，吉。⑦

上九　何天之衢，亨。⑧

【注释】

①大畜卦：乾下艮上，象征积蓄。畜，蓄。②不家食：非求食于家，而食禄于朝。以天下为公。③已：停止。④舆说輹：舆指车子。輹是古代木车下的横木，车轴由它固定、转动。车子停下来，就将輹取下。走时再套上去。说：脱离。⑤逐：奔驰。闲：练习。卫：防止。⑥童牛：无角小牛。牿：牛角上束的横

木。⑦豶豕之牙：豶与犗同义。指对猪牛的驯养，去掉它们的野性。⑧何天之衢：何其畅达的通天之路。衢，四通八达的道路。

【译文】

大畜卦　象征很有积蓄。大畜卦卦象是下单卦为乾，为天；上单卦为艮，为山。两单卦结合刚健无比的乾，被艮止住。阴刚之。气积聚之为之大畜。有利之卦。不囿于小家好，而利于食禄在朝，定获吉祥。宜于涉越大江大河。

初九　积蓄不可求成之心过切，要适可而止，不可冒行。

九二　马车与车輹脱离，车子停了下来。这说明君子应安居，只求无过。

九三　千里马善于奔驰，是驾车人技术娴熟，卫士抓紧练车，演兵，行则无所不利。

六四　在小牛的头上绑一根短木，以示驯养，养士则可收百年之利。吉。

六五　野猪不易驯服，但制服它只能将它阉了，使其牙齿退化而圈居。当有吉。

上九　负云气，背青天，肩重任，荷阳刚之德，行天之大道。

【解析】

　　大畜卦讲的是蓄聚、蓄积的道理，透露了人的行为应当有所约止的思想。卦象下乾上艮，乾为健，艮为止，虽健亦有所止，乃能大畜。初九强调"利已"（宜于停止），九三强调"利艰贞"（宜于在艰难的条件下守正道），都是教人自觉地约制自己，以免咎灾。

颐卦第二十七

震下艮上　颐[1]贞吉。观颐，自求口实。[2]

初九　舍尔灵龟，观我朵颐，凶。[3]

六二　颠颐，拂经，于丘颐，征凶。[4]

六三　拂颐，贞凶。十年勿用，无攸利。[5]

六四　颠颐，吉。虎视眈眈，其欲逐逐，无咎。[6]

六五　拂经，居贞吉。不可涉大川。

上九　由颐，厉吉，利涉大川。

【注释】

①颐　象征颐养。颐即下巴的通称，观颐：观其所养，观察某一时间、某一特定环境中的吉或凶，以求养颐好自己。②口食：食物。③尔：你。灵龟：指卜得的龟兆。古人认为龟不死而能长寿，是神物，所以龟甲行卜，并且称之为灵龟。朵颐：朵：指下巴垂下，馋涎欲滴的样。观我朵颐：即指看我吃饭眼馋。④颐：指自己居中正之位，应不缺颐养的，却求之他人，求不着，又向下求，故曰颠颐。拂经：颠倒事理。拂，逆，经，常理。于丘颐：向高

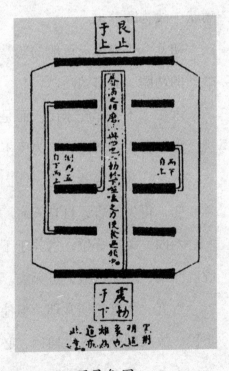

颐灵龟图，
出自宋·佚名《周易图》

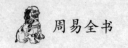

处上索取颐养，甚至不惜使用武力征伐。颐，颐养。征：兴兵出战。⑤拂颐：违背颐养之道，违逆了常理。⑥逐逐：迫切的追求。

【译文】

颐卦　象征颐养。颐卦卦象是下单卦为震，震为动，为雷；上单卦为艮，为山。观两单卦结合，似作咀嚼状。故为颐养也。

初九　丢弃你灵龟般的聪慧，却咂嘴咂舌，观看我蠕动的两腮，必有凶险。

六二　不是厚施于民，而是侈民之美。甚而违逆常规，以致上为君所恶，下为民不齿。故凶。

六三　违反颐养之道，终因不正而有余殃。天道十年一变，得失凶吉，自有天命。

六四　柔居尊位，求养于下，难免受到鄙夷，故须眈眈而视，威而不显，可无灾。

六五　尽管违逆常理，但他上求是为了施教施养于下民，故天理顺，人性通达，必无险阻。

上九　养万民，养贤人，正己无私，能涉险渡过难关。君子宁静而致远。

【解析】

颐卦着重讲"颐养",提倡"自求口实",即依靠自己解决物质供应问题。"拂经于丘",开垦阡陌以广农产,是解决颐养问题的正道。反对"舍尔灵龟,观我朵颐";更反对"颐征",按现在的说法就是自己要通过劳动养活自己。又推崇食气自养的灵龟,这里有着注重气功延寿思想痕迹。

大过卦第二十八 ䷛

巽下兑上　大过①栋桡,利有攸往,亨。②

初六　藉用白茅,无咎。③

九二　枯杨生秭,老夫得其女妻,无不利。④

九三　栋桡,凶。

九四　栋隆,吉。有它,吝。⑤

九五　枯杨生华,老妇得其士夫,无咎,无誉。⑥

上六　过涉灭顶,凶,无咎。

【注释】

①大过卦：巽下兑上，象征大有过越。②栋桡：栋是指栋梁之才，房子的梁木。桡是弯曲。是说梁弯曲了。③藉：铺垫。白茅：古代不用桌椅，席地而坐。祭祀时将

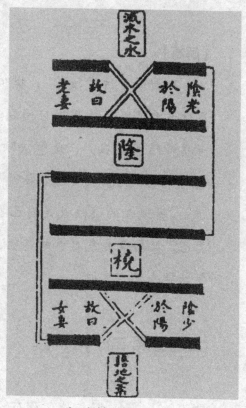

大过栋隆桡图，

出自宋·佚名《周易图》

供品放在地上。地上铺一层洁白的茅草，以示虔诚。④秭：老树生新芽。女妻：年少的妻子。⑤隆重：隆起。它：指意外情况。⑥华：花。士夫：幼夫。

【译文】

大过卦　象征大有过越。大过卦卦象是下单卦为巽，巽为风，为木，为喜；上单卦为兑，兑为泽，为悦。两单卦结合，喜与悦过于齐美，则"过"了，所谓"大过之时大矣"。脊木不可处之过刚，应上下顺遂，则利也。

初六　白茅草洁而朴素，不以华美而至尊，卑柔自谨，当无过。

九二　杨比喻阳木，阳亢则枯，根下生出新芽，新芽可以再荣。女妻可以育嗣。故刚柔应当调谐之。

九三　躁于进而不体恤属下，必怨声大作。做事不可过刚。

九四　刚柔相济，尚可以隆而不亢；如若上弱相辅，则不足以胜任，行事反受制带。

九五　枯萎的杨树开新花，年迈的老妪嫁个年轻的丈夫，正如阳过已极，下无相济之阴，终必至危。亢极而屈似失所之阴有，必自辱之。

上六　水盛涨而仍要徒涉，尽管有灭顶之患，但却是冒险者险行之道。

【解析】

大过卦涉及到的事物，大多属于反常现象，如"栋桡"、"栋隆"、"有它"、"枯杨生稊"、"枯杨生花"、"过涉灭顶"等，对于这些反常现象，大过卦分析了人们处理问题可持的态度与方法。通过"栋桡"、年龄不对称的婚姻、过河被灭顶等爻象断其吉凶，供人们在类似状况下参考。这些爻象、爻辞所反映的社会生活离我们的生活已很遥远，但大过卦所强调的非常时期应有独立不惧的精神以及对非常事件采用非常方法的观点，对人却有所启示。

坎卦第二十九 ䷜

坎下坎上　习坎①有孚，维心亨，行有尚。②

初六　习坎，入于坎窞，凶。③

九二　坎有险，求小得。④

六三　来之坎坎，险且枕。入于坎窞，勿用。⑤

六四　樽酒簋贰，用缶，纳约自牖，终无咎。⑥

九五　坎不盈，祗既平，无咎。⑦

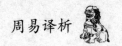

上六　系用徽纆，置于丛棘，三岁不得，凶。⑧

【注释】

①习坎　象征重重险难。坎字的意思是险、陷。习坎，即重坎。习，重复。②有孚：指诚信。维：维系。尚：通"赏"。③入于坎窞（dan）：落入陷穴深处。窞：通陷，深坑。④坎有险：陷穴中有凶险。求小得：九二是阳居阴位，看来不正，但它居中，故求得小得。⑤来之坎：来往都处在坑穴之间，进退都有险。坎险且枕：坑穴既险又深。枕：通沈，深。⑥樽酒：一樽薄酒。簋贰：两簋淡食。簋，古代盛谷物的竹器。缶：瓦器。纳约自牖：通过窗口收得信约。牖，窗。⑦祗：安。⑧系：捆绑。徽纆：徽，三股绳子；纆，两股绳子。

【译文】

坎卦　象征重重艰险。坎卦方位北，属性水。坎卦是两坎相重，故坎险重坎险。虽然险阻重重，但惟有在

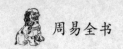

重重险阻中，方显出诚信的意志。而惟有诚信才能涉险而通，并一一克服艰苦，磨难。

初六　不能忘记坎险当头时，已自陷其中。必凶。

九二　虽在陷穴中处境险恶，但若只求小安，仍可以脱险。

六三　既已处于险难之中，人于险地，进退两难，危难既险且深。暂时不宜再施展才能。

六四　臣子将一杯薄酒，两筐淡食，用瓦钵盛起来，由窗户献给君王，以表达险境中廉洁的真诚，君心胸洞开，君臣险渡难关。

九五　坎困尚未消除，但阳刚已居尊位，只要他不枉自尊大，且能匡扶天下，则险难自会平息，水流而不盈。险难自平。

上六　绳索捆绑，似置于丛棘之中，囚禁三年而不得解脱，必有大凶。

【解析】

　　此卦爻辞主要反映对待被征服的异邦人（俘虏），或采取各种笼络手段，使其臣服；或将其关入凶险的牢狱，使之难以解脱，酒饭只从窗口送入。但被俘者力图谋求脱险。
纵观全卦，表明：尽管处于险境，但吉凶不
同，这里的关键在有无诚信。有诚信且又刚
健中正者，就能脱离险境。

离卦第三十　☲

离下离上　离①利贞，亨，畜牝牛，吉。②

初九　履错然，敬之，无咎。③

六二　黄离，元吉。④

九三　日昃之离，不鼓缶而歌，则大耋之嗟，凶。⑤

九四　突如其来如，焚如，死如，弃如。⑥

六五　出涕沱若，戚嗟若，吉。⑦

上九　王用出征，有嘉折首。获匪其丑，无咎。⑧

【注释】

　　①离卦：离下离上。象征彩丽。②牝牛：
母牛。③错然：走路的样子不整齐，步伐错乱
的样子。④黄离：黄指土色，土是五行的中央
所以为黄色。⑤日昃之离：向西倾的斜阳，夕

阳西下，太阳偏西。大耋之嗟：耋是指七八十岁的老人。老暮穷衰之嗟叹。⑥突如其来如：突如其来的焦心如焚的样子。⑦沱若：滂沱的样子，形容泪流满面或泪如雨下。⑧折：折服。首：首领。匪：非。丑：同类，随从。

【译文】

离卦　有利之卦，亨通顺利。离卦，方位为南。《说卦传》中："离为火，为日，为电……"后书中又引伸为："离亦为彩色羽毛，文彩之类。"总之离有光明之象。离卦卦象是两火，更是通明之象。畜：聚而养；牝牛：顺而柔之。持守固正，定获吉祥。

初九　步履忙乱，冒然行之，必陷险境，应审慎而不妄行，当无灾难。

六二　黄色依附，中道灿然，大吉大利。

九三　知己日暮残年，遂击钵而高歌。自艾年少不勤劳，老矣亦不能安享天年。如不击瓦罐而歌，将会有老暮穷衰的感叹，定遭凶险。

九四　君位之刚遽然受制，奸邪小人试图挟击而逞威，但小人之势无所依，无所容，亦就无所明。

六五　尽管六五忧悒于处境之维艰，但如能时刻警觉，可以化险为夷，这是因为六五地位显贵，奸恶小人不能不畏惧不安。

上九　位居尊位，阳刚果断，用兵可以立功平乱，小人仍不可滥杀无辜，宜击匪乱之首恶，胁从者不必问究，可以免事非。

【解析】

本卦爻辞告诫人们：灾难可能随时发生，应当时时防范，早作防备；已经发生的灾祸，要及时有效地处理。黄昏时出现的灾情，应当倍加重视，以防更大的凶险。突如其来不可抗拒的自然灾祸，损失更加巨大，大灾后应痛定思痛，积极贮蓄力量，力争挽回损失。对于祸首要严加惩治，以保国泰民安。

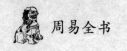

下　经

咸卦第三十一　䷞

艮下兑上　咸①亨，利贞。取女，吉。②

初六　咸其拇。③

六二　咸其腓，凶，居吉。④

九三　咸其股，执其随，往吝。⑤

九四　贞吉，悔亡；憧憧往来，朋从尔思。⑥

九五　咸其脢，无悔。⑦

上六　咸其辅颊舌。⑧

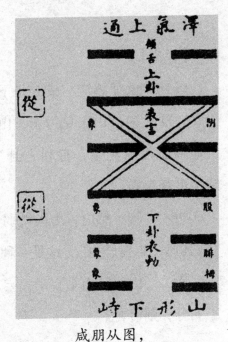

咸朋从图，

出自宋·佚名《周易图》

【注释】

①咸卦：艮下兑上，象征"天人合一、天人感应"。咸即"感"。②取女：取，通"娶"，少男迎娶；少女出嫁。③拇：脚大趾。④腓：小腿肚。居：居家不出。⑤股：大腿。执：执身。追随他人。执随：执著地盲从。⑥悔亡：从困境中解脱出来。悔，困窘危难，这里指困境。亡，通"无"，消失。憧憧：心思不安，思绪不宁的样子。从：顺依。思：意愿，想法。⑦脢：后背的肉。⑧辅：牙床，颚。颊：面颊。

【译文】

咸卦 象征感应。咸卦是下为艮，少男；上为兑，少女。艮又为群山；兑为水，山水好景色。亨通和顺，天地感而万物化生，有利之卦。男娶，女嫁，阴阳交感，可获吉祥。

初六 脚趾感应，力尚微弱，不足以牵动全身。但"咸其拇，志在外也"。这是一种心的感应。

六二 因感腓而易妄动，妄动则必有凶险。如能居正安分，则可吉。

九三 因感股而更躁动，如无止道，且执著随欲而往，则必然蒙羞。

九四 当心感应而生善念，并持守中正则无悔。如身之本体，不定其情，或循小人私情，则不够光明正大。

九五 刚中得立，如受脊肉之安，则不免有离群索居之感，虽不受感应，但也绝少沟通。从而志不能通达。故"咸其脢，志末也"。

上六 口耳俱动，摇唇鼓舌，足见其躁急。此举最不可受感。心的感应才是正固吉祥。

【解析】

本卦所记可以看做是青年男女的婚恋图。好像少男与少女相见甚欢，产生感情，一方表示追慕，进而发展成爱恋的曲折过程。这是"近取诸身"的又一例证。通过男女爱恋发展的曲折经历，说明阴阳交感形成对立面的统一，是一个曲折的过程。揭示了处理事物发展的矛盾过程，必须耐心细致，不可卤莽从事。

恒卦第三十二 ䷟

巽下震上 恒①亨，无咎；利贞，利有攸往。

初六 浚恒，贞凶，无攸利。②

九二 悔亡。

九三 不恒其德，或承之羞，贞吝。③

九四 田无禽。④

六五 恒其德贞，妇人吉，夫子凶。⑤

上六 振恒，凶。⑥

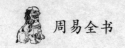

周易全书

【注释】

①恒卦：巽下震上，象征恒久不变。②浚：指疏通的意思。渠道、井、坑、河道堵塞后的疏通。③承：承受，蒙受。羞：耻辱。④田无禽：打猎时没有禽兽。⑤夫子：男人。⑥振：振动不安，变化无常。此指不能持恒守德。

【译文】

恒卦　象征恒久相持。恒卦的卦象是下单卦为巽，为木，为风；上单卦为震，为雷。两单卦结合雷风相与，刚柔相应。是利卦。这是万物循环往复的自然法则。君子持中正之道，教化世人。没有灾祸；利于有所作为。

初六　已经疏通好了，还要持久疏通，就要势得其反了。定有凶险，没有什么益处。

九二　筮得此爻，有贞德之象，固守中庸，则可以永恒。危厄将会消失。

九三　能恃位而安，守其美德，是为悔亡。不能长久者，便会蒙受耻辱，行事艰难。

90

九四　隐伏相机处事，犹如守株待兔，真是："久非其位，安得禽也"。

六五　顺服之德是妻子的本分，坚守此道，可获吉祥。但男子匿于其妻下以求安，其刚不振，柔而相从乃妇人之贞，失丈夫之义，故凶。

上六　恃其居高得位，苟且柔和，不能以坚持为长久，终无自御之力。凶。

【解析】

本卦反映的是先民掘沟壑进行田猎的情况。当时社会很可能是多种生产方式并存。"浚恒，贞凶"，表示出人们意识到田猎不如农业劳动有效益。"不恒其德，或承之羞"，反映了古代的道德价值观。朝三暮四，翻云覆雨，表面做好人，暗中施毒计的人，是要遭人唾弃的。

遁卦第三十三　䷠

艮下乾上　遁①亨，小利贞。

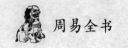

初六　遁尾，厉，勿用有攸往。②

六二　执之用黄牛之革，莫之胜说。③

九三　系遁，有疾厉；畜臣妾，吉。④

九四　好遁，君子吉，小人否。⑤

九五　嘉遁，贞吉。⑥

上九　肥遁，无不利。⑦

【注释】

①遁卦：艮下乾上，遁象征逃遁退避。"遁"古字为"逐"。②遁尾：末尾，意为退避迟缓而落在后边。但"遁尾，厉"就有一定危害性了。"末大必折，尾大不掉"，比喻难以驾驭控制或自保。勿用：暂不施展才能。③执：缚。革：皮。说：通"脱"。④系遁：心中有所顾恋，而迟迟不能退避。自己系住了自己的心。畜：畜养。臣：臣仆。妾：侍妾。⑤好：指心怀恋情而身已退避。

⑥嘉遁：居阳位的人能不显示自己，也指相机而动，时机嘉美。⑦肥遁：宽松，富裕的意思。

【译文】

遁卦 象征避退。遁卦卦象是下单卦为艮，艮为山，为止；上单卦为乾，为天。两单卦结合：山近于内，而天远于外。亨通顺利，君子虽有匡扶天下之心，奈何小人得势，只得避而求其安，小人则势盛气扬。

初六 退避不及，落在后边，有凶险，但忍隐以待时机，则无咎。

六二 黄牛皮绳捆绑，没人能逃脱。这里意指捆住的是天的意志，人的意志。而天意不可违。一切要顺从天意。

九三 阳居阳位，本该隐遁，但却张狂不羁，如疾患上身；独夫当关，定有危险。不如回家蓄养妻妾，倒也相安。

九四 虽性情梗介，但君子能适时退避，并善于隐遁，君子能行君子之道，必吉。这是小人无法比拟的，故小人不利。

九五 九五虽位居尊位，但能审时度势，戒慎戒躁，从不显露自己。因而可以适时、适度地行事，无不利。

上九 超脱世俗，置身世外，无往不胜。

【解析】

此卦爻辞反映了古人对隐遁避世持肯定态度的多，这也许与当时的社会环境险恶有关。君子遁隐则吉，小人遁亡则凶，显示了人们身处乱世两种人的不同结果。

大壮卦第三十四 ䷡

乾下震上　大壮①利贞。

初九壮于趾，征凶；有孚。②

九二　贞吉。

九三　小人用壮，君子用罔；贞厉，羝羊触藩，羸其角。③

九四　贞吉，悔亡，藩决不羸，壮于大舆之輹。④

六五　丧羊于易，无悔。⑤上六羝羊触藩，不能退，不能遂，无攸利，艰则吉。⑥

【注释】

①大壮卦：乾下震上，象征刚大、盛壮、健壮。②趾：脚趾也表示一种行动，有所为。

③小人用壮，君子用罔：小人持壮逞强，感情用事，君子盛壮而不用，没有自己的私欲。罔：无，不。羝羊触藩，羸其角：公羊强顶藩篱想冲出去，羊角必然被篱笆上的绳藤缠绕。羝羊；很强壮的公羊。羸，缠缚，纠

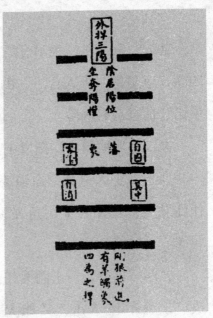

大壮羊藩图，

出自宋·佚名《周易图》

缠。④輹：辐。⑤易：应作移。易羊即放羊。古代渭河流域到黄河中游，居住过徽羊的民族，是一种游牧的生活方式。⑥遂：进。

【译文】

大壮卦　象征刚大气盛。大壮卦卦象是下单卦，为天；上单卦为震，为雷。两单卦结合，雷天大壮，阳德刚健，为天地之大用。壮盛阴消，故隆盛者必操守纯

95

正，则利。

初九 壮于趾，表示有所往，有所征，但出征必有凶险，应坚持"天人合一"的规律，不可妄动。即使有承诺，前进会有凶险。

九二 阳刚得中，阳以中为盛。吉。

九三 小人盛壮，逞强凌势，君子盛壮刚强得中；任性发威，就像公羊用角强顶藩篱，羊角定然被藩篱羁绊。

九四 吉卦，君子刚柔相济，无所阻悔，犹如藩篱决口，缠不住羊角，又如大车车辕坚实适用，奔走如飞。

六五 男儿敢做敢当，即使遇到"丧羊之象"又何惧之。

上六 公羊抵触藩篱，既不能前，也不能后。只有知艰难而能审时度势者，才不敢犯难。

【解析】

大壮卦借用各种喻象，揭示了一个千古不易的真理，即正才能大，才能壮，才能持久。人也好，事也好，如能以正为其立身行事的基点，将如雷行于天一样，势壮而无阻。

　　大壮卦六一爻说"丧羊于易，无悔"，其意思是指有人在易的地方丧失了羊，但没有悔恨。但也有人认为羊在大壮卦中表示刚性，丧羊，表示除去刚性，而代之以柔性。因六五爻处在尊位，地位较高，处于这样位置的人，如果只知道用刚的手法去处事，即今人所说的"硬碰硬"，不一定有好的效果。因此，六五爻强调去除刚性，改用柔和的方法，来达到治理的目的。

晋卦第三十五　䷢

坤下离上　晋①康侯用锡马蕃庶，昼日三接。②

初六　晋如摧如，贞吉。罔孚，裕无咎。③

六二　晋如愁如，贞吉，受兹介福，于其王母。④

六三　众允，悔亡。⑤

九四　晋如鼫鼠，贞厉。⑥

六五　悔亡，失得勿恤，往吉，无不利。⑦

上九　晋其角，维用伐邑，厉吉，无咎，贞吝。⑧

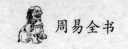

【注释】

①晋卦：坤下离上，象征前进，晋升。②康侯：是周朝的一种封侯。凡治理得好，便赐地封侯。当时曾有"康明安邦"之说。锡马蕃庶：锡是赐。马：指马和车。蕃庶：众多。不知赐马和车，还多次接见给以奖赏。这就有了晋（晋升）的含义。③晋如：前进，晋升的样子；摧如：遇挫折而退却的样子。罔，不；孚：信。裕：宽容。④受兹介福：兹，这个或那个；介福：大福。全意是弘大的福祉，福泽。于其王母：王母的意思是祖母。六五位居尊位，故称王母。⑤允：信任。⑥鼫鼠：即硕鼠，俗名土狗。比喻五技不精者。飞不过房、游不过河、爬不上树、挖坑埋不了自己、一跑就让人追上。⑦恤：忧虑。⑧晋其角：赐予将军帽，意指派他去征讨。

【译文】

晋卦　象征进长晋升。晋卦的卦象是下单卦为坤，为地；上单卦为离，为火。火升起于大地，乃光明之象。将自己的封地治理得安康的封侯晋见天子，得到很多赏赐，一天中三次接见，给予极大的礼遇。

初六　进长一开始就遇到阻碍，故不能急于求成，要处之裕如。虽未受登位之命，却安然以等，才无过失。

六二　六二得正得中，但孤立无援，难免愁苦。幸好他能固守柔顺之节，以承上。因而可获大福。

六三　众人协心效顺，危厄将会消亡。

九四　硕鼠之行，缩首缩尾，技艺不高，贪而无能。定有危险。

六五　六五阴阳不合，不免忧之再三。辛好位居尊位，只要怀柔得道，不计得失，则无所不利。

上九　进长到顶，便不宜再征讨邑国。要施柔道为常，行法令刚而得明，则可厉、可吉。

【解析】

此卦爻辞从不同角度论述战略进攻的有关问题，好像是对战争经验的总结，是中国古代军事思想史上的重要资料。其中有着如何转败为胜、临危而"晋其角"等军事辩证法思想。

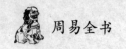

明夷卦第三十六 ䷣

离下坤上　明夷①利艰贞。

初九　明夷于飞，垂其翼；君子于行。三日不食。有攸往，主人有言。②

六二　明夷，夷于左股，用拯马壮，吉。③

九三　明夷，于南狩，得其大首，不可疾，贞。④

六四　入于左腹，获明夷之心，于出门庭。⑤

六五　箕子之明夷，利贞。⑥

上六　不明晦。初登于天，后入于地。⑦

【注释】

①明夷卦：离下坤上，象征光明伤损。明，光明，此指太阳；夷：与"痍"同，伤痍、创伤。明夷：太阳已经西下，看不见了。②明夷于飞，垂其翼：这指的是飞鸟。飞鸟被打猎人追的，一个翅膀受了伤，还在拼命地飞。惊荒飞逃。主人有言：遭到主人责备。③用拯马壮：拯马是将马骟掉，骑这

种马向前壮行。④南：古代南方为光明的方
向。狩：道，头顶。首：古人称四蹄皆白之
马为"首"，俗称踏雪。疾：病。⑤入：退。
腹：腹地。获：获知。心：指内中情状。于：
于是。⑥箕子：殷商纣王之叔父，贤臣，因
进谏而遭纣王囚禁，遂佯装疯颠以自保。⑦
晦：暗。

【译文】

明夷卦　象征光明受损。明夷卦的卦象是下单卦为
离，离为火，上单卦为坤，坤为地，就是指火在地下，
太阳沉没地下，光明受损，所以黑暗。文明受损，贤者
处境艰难，但要想突破逆境，就不能违背道德，唯有固
正固本，刻苦忍耐，方能自保。

初九　光明遭到伤损时就像飞鸟低垂翅膀，仓皇逃
离。又如君子弃无道而去，三日不食，虽穷极潦倒，但
志在道行。

六二　光明遭到伤损，如伤及左边大腿，若能以强
壮的骟马来代步，终可受命于天。

九三　"南狩"指周武王伐纣之志，必须隐忍以得
大事，以明治暗，韬光养晦，时至乃功成。

六四　要心悉卑人之主谋，窥其心思之短长，留在家中，祸及自身，不如隐于市井之中，以利进退，谋其所行。

六五　如果能像殷纣贤臣箕子被囚却佯狂自保，则为利卦。

上六　明德被之，昏暗丧亡，以见周之革商乃阴阳理数之使然。天命人事昭然。

【解析】

此卦爻辞暗喻自由出行之人，遇到各种甘苦，虽一时挣脱羁绊，获得自由翱翔的机会，最终未能摆脱痛苦的现实。喻箕子一类君子，渴望济世而又只能自晦其明的悲剧命运。亦喻明夷之君丧失人心，贤人离去的孤

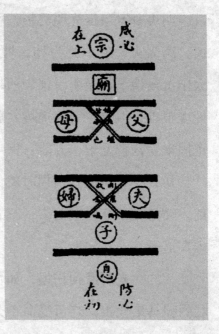

家人象图，
出自宋·佚名《周易图》

立处境。

家人卦
第三十七　䷤

离下巽上　家人①利女贞。

初九　闲有家，悔亡。②

六二　无攸遂，在中馈，贞吉。③

九三　家人嗃嗃，悔，厉，吉；妇子嘻嘻，终吝。④

六四　富家，大吉。

九五　王假有家，勿恤，吉。⑤

上九　有孚威如，终吉。⑥

【注释】

①家人卦：离下巽上，象征家人团居。②闲：防备。③无攸遂：一个女人不应去想太多，家庭必须有人操持，有人做饭。馈：主持炊事。④嗃嗃：很严肃的样子，比喻斥责之声，指森严治家。⑤假：是至、达之意。另说

与嘏通用，指大的，到。恤：忧虑。⑥孚：诚信。威：威严。

【译文】

家人卦　讲述持家之道。主妇正，则家庭正，家兴旺。家庭中男主外，女主内，父母、子女、兄弟、夫妻各司其责。

初九　持家要御其邪而护正，预防不妄之灾。对家中成员要养蒙于早，以定其志，以杜后患，则无悔。

六二　主妇在家固守正德，并在家中操持烹饪饮食，则可获吉祥。

九三　家长治家严谨，威严自立，家道中吉。家长治家失之谨严，妻儿子女无调，则必丧失家节。

六四　富非大吉之道。但柔顺静持而不贪进，不溢于非分，则可保其富而大吉。此舰积善积福之家。

九五　王者乃君王之德，一家人如能以刚健之德至诚感动家人和邻里，则家自宜。

上九　家长治家诚信而不渎，身正而威自立，即秉于持家之道也，最后必获吉祥。

【解析】

此卦爻辞讲治家之道：防守家园，谨防内

祸外患滋生的任务由男人承担。由女人担起持家重任；家教威严，家人不可嬉笑、哀怨，当安分守己，谨小慎微。

睽卦第三十八 ䷥

兑下离上　睽①小事吉。

初九　悔亡。丧马勿逐，自复。见恶人，无咎。②

九二　遇主于巷，无咎。

六三　见舆曳，其牛掣，其人天且劓，无初有终。③

九四　睽孤，遇元夫，交孚，厉无咎。④

六五　悔亡。厥宗噬肤，往何咎⑤？

上九　睽孤。见豕负涂，载鬼一车。先张之弧，后说之弧，匪寇，婚媾。往遇雨则吉。⑥

【注释】

①睽卦：兑下离上，象征乖离、隔膜。②逐：追。③曳：往后。掣：牵制。其人天且劓：天，这里指跌跤。在古代罪人额头上刺字称天。劓，古代刑名，割鼻。④睽孤：指孤傲

自负。元夫：善人，元，善。⑤厥宗噬肤：他
与宗人共同吃肉。厥，其，他；宗，宗人即同
一宗族之人；噬：咬，此指吃；肤，肉。指
作：唇齿相依。⑥豕：猪。涂，泥土。弧：
弓。说：通"脱"，放下。

【译文】

睽卦　象征违逆隔离。睽卦卦象下单卦为兑，兑为
泽，为水；上单卦为离，为火，为明。两单卦结合，火
势向上，而泽水下浸，是为违逆。推理睽之卦理，若乖
戾而不适于存同，则可善用之。因人与物之情理，皆可
因异而得同。这是万物之事理。

初九　虽有"丧马"不能行之苦，以仁德相感，勿
相逼，自可回返，人事难料，凡事化解在宽大包容之
中。丢失了马自会返回；谦谨地对待与自己对立的恶
人，不会招致灾祸。

九二　在小巷中不期而遇碰见主人，不管是恩主、
债主，抑或仇主，只要秉承正直，都不为过。

六三　大车被拖住不动，驾车人急鞭其牛，牛奋力
向前拉。至使驾车人额鼻都被摔伤。但有强者使牛驯服
改过以服善，终可获吉。

九四　孤傲无主之时，处势虽危，但能与刚正之人交往，授之以诚信，虽严厉，但可得志而行。

六五　自相残杀，终将同归于尽。不如唇齿相依，同心同德，排除万难，共同前进，这样必有吉庆。

上九　一位孤傲躁突的人怀疑一头猪的身上满是污泥；又怀疑一辆车上坐着的都是恶鬼，本想张弓来射，又放下了，原来不是鬼，也不是贼，而是婚娶的车子。猜疑被澄清，有如雨过天晴，故为吉。

【解析】

　　此卦爻辞讲述一旅客途中见闻。反映了古代行旅的甘苦。举出两个故事：有一辆货车，一头牛吃力地拉着，一人在推车，走近一看，原来推车的是一个刺了额、割了鼻的奴隶；一辆大车上满载着鬼怪一样的人前去抢婚。这些为研究古代刑法制度和古代民俗提供了两条重要资料。

蹇卦第三十九　䷦

艮下坎上　蹇①利西南，不利东北。利见大人，贞吉。②

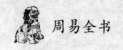

初六　往蹇来誉。③

六二　王臣蹇蹇，匪躬之故。④

九三　往蹇，来反。⑤

六四　往蹇，来连。⑥

九五　大蹇，朋来。

上六　往蹇，来硕，吉。利见大人。⑦

【注释】

①蹇卦：艮下坎上，象征行事艰难。"蹇"难也。②利西南，不利东北：西南象征平地，所以"利"；东北象征山丘，所以"不利"。③来：返回，归来。④匪：非。躬：自身。⑤反：通"返"。⑥连：连络、连合。⑦硕：大。

【译文】

蹇卦　因跛而行走不便，象征处事艰难。蹇卦的卦象是下单卦为艮，艮为东北，指山区地貌；上单卦为坎，坎为水。山水结合有奔涉千山万水之象利西南，不利东北。困境中必须有大才大德之人，固守正道，整饬家邦。宜于君子修德。

初六　知难而止，量力而行，耐心等待，才能获得

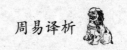

美誉。

六二 君王的臣子历尽艰险，奔走赴难奋力营救。不为自己的私事，而是意在报国。

九三 外出行动遭逢艰难，不如相与慎守返回家园。

六四 风险赴难，为的是济世救人。因此必须同心同德，这样才能担此重任。

九五 九五难是大难。君王如能深体天下之危机，虽无为但善与人同。并操守中正，故能得臣民之拥护。

上六 努力拯救时艰，历尽艰难可建大功，十分吉祥。有利于施世大德人才之出现。

【解析】

本卦主要是指点人们在遇到困难时能做出明智的选择，以利于克服困难，走出困境。

解卦第四十 ䷧

坎下震上 解①利西南。无所往，其来复吉。有攸往，夙吉。②

初六 无咎。

九二 田获三狐，得黄矢，贞吉。③

六三　负且乘，致
寇至，贞吝。④

九四　解而拇，朋
至斯孚。⑤

六五　君子维有
解，吉。有孚于小人。⑥

上六　公用射隼于
高墉之上，获之，无
不利。⑦

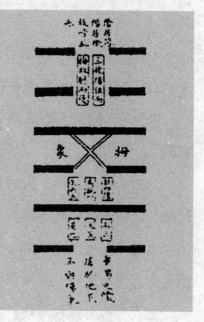

解出坎险图，

出自宋·佚名《周易图》

【注释】

①解卦：坎下
震上，象征解脱、舒解。②凤：旱。③田：田
猎。④负且乘：背着东西坐车。⑤解而拇：解
开大脚趾头。斯：乃。⑥君子维有解：君子被
绑而又解脱，指消除祸患。维，语助词，无
义。⑦隼：一种猛禽名，俗称鹞子。墉：
城墙。

【译文】

解卦　象征化解、解脱。解卦卦象是下单卦为坎，

坎素有坎坷、艰险之象；上单卦为震，指动，行动。两单卦结合指解散其纷乱。西南的坤是地，平而静，故有利。但艰险消除后，便应与民同息，以人情纲纪行于险坡之中，众人也会臣服。

初六　刚柔相济，排解蹇难，自省无过，则可相安。

九二　田中狩猎，不仅猎获了三只狐狸，还获得上等的（黄色的）箭的奖赏，所从贞吉。

六三　屈居卑贱，却躁进尤妄。本是背负之小人却偏要乘君子车而行，可谓"居非所得"。冠贼见之，必夺。这是自招其损。

九四　解开脚拇趾，才可以自由行走。但尚未当位，没有解脱小人的羁绊，力弱而情殊，君子只有懂得摆开小人的干扰，退小人之道，才可以招天下之朋友。

六五　位于君位的人必须以诚信感化小人，小人能退就足见君子之功夫，则吉也。

上六　在高墙上王公用利箭射大隼，一箭中的，消除祸患，无往而不利。

【解析】

解卦爻辞讲在"解"的过程中，一是要注

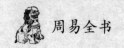

意清理周围环境。二是要注意解决自身问题。

反映了我国古代先民渴望外间自由、不满礼规

束缚的心情。

损卦第四十一 ䷨

兑下艮上　损①有孚，元吉，无咎，可贞，利有攸

往。曷之用？二簋可用亨。②

初九　已事遄往，无咎；酌损之。③

九二　利贞。征凶，弗损益之。④

六三　三人行则损一人，一人行则得其友。

六四　损其疾，使遄有喜，无咎。

六五　或益之十朋之龟，弗克违，元吉。⑤

上九　弗损益之，无咎，贞吉，利有攸往。得臣

无家。

【注释】

　　①损卦：兑下艮上，象征减省，减损。

"损"是减少的意思。②曷之用：用什么。簋：

食具，古代盛谷物的竹蓝。亨：祭祀鬼神。③

112

已事：即祀事、祭祀之事。遄：速。④益：与"损"相反，增加。⑤或：有人。十朋之龟：价值十朋的宝龟。朋，古代货币值，双贝为一朋。

【译文】

损卦　象征减损。损卦的卦象是下单卦为兑，为泽，上单卦为艮，两卦结合是好事中有人作梗。损未必凶，益未必吉。损刚而益柔，中道自得，根本自固，故为吉。何况一元之开阖，一岁之流转，一天之晨暮，一刻之推移，皆有损益存于其间。用什么体现减损之道？以两竹篮淡食祭祀神灵，贡献先者就足够了。

初九　刚健有余，阴柔不足，故应让损事迅速离去，多做善已为人的道行，并酌情而定，则无灾。

九二　固守其中而不妄动，乃吉。往损，则凶。故要劝其往，劝其征。

六三　三人行数已盈，疑乃生，故必损一人。无俱损之理，亦无俱合之道。而一人行，其行必得其友。

六四　小人阴阳相冲，如疾患染身，益及早治愈。君子喜于居而相安，静正而无所求，则可避小人之祸。

六五　货币两贝（贝壳）为一朋，十朋"大龟"，乃"守国之室"。天下君王能安于尊位，是居正之宝。这是天理指数，即使用龟占卜亦如是。无所待而自吉也。

上九　忘家忧国之臣得到人民真心的拥护。能得到忘家之臣，乃得志而利于行。

【解析】

　　本卦爻辞强调祭祀要"心诚"，只要心诚祭品多或少，神都不怪。若出征，须多加祭品，越丰盛，得的福佑越大。

益卦第四十二　

震下巽上　益①利有攸往，利涉大川。

初九　利用为大作，元吉，无咎。②

六二　或益之十朋之龟，弗克违，永贞吉；王用享于帝，吉。③

六三　益之用凶事，无咎。有孚中行，告公用圭。④

六四　中行，告公从，利用为依迁国。⑤

九五　有孚惠心，勿问元吉，有孚惠我德。⑥

上九　莫益之，或击之，立心勿恒，凶。⑦

【注释】

①益卦：震下巽上，象征增益。益，饶也。损而不已，必益，故受之以益。②利用为大作：利于有大作为。③王用享于帝：君王享祭上天祈求福泽。帝，上天，先帝。④益之用凶事：将增益用于凶险困难之事。中行：执守中正之道行。告公用圭：手执玉圭向王公告急求助。圭，玉器的信物，大夫祭祀、朝聘时，执之以示"信"。⑤迁国：迁都。⑥惠：仁爱。⑦或击之：攻击。

【译文】

益卦　象征增益。益卦卦象是下单卦为震，为动；上单卦为巽，为风，为木。雷动则风行。益卦是上损益下之卦象。民众受益，利于有所行动，宜于涉越大江大川。

初九　施善才可以大有作为，吉。但如位在下，下为私，为我，则不足以为继，不宜行大事。

六二　君子为保其正，必须坚守正道，才会吉祥。即使用价值十朋之宝龟占卜也如此。古代君王祭祀天神

时，也先祈天，虔诚而至尊，也必得助益。

六三　当危险发生时，君子恳求别人帮助，不是耻辱之事，不过要心怀诚意，向诸王报告时要手持玉圭，以示信诚。

六四　执持守中庸之道谨慎从事，可得到邻国的信任，从而对迁移国都及利民的大业都有益。

九五　胸怀诚信施仁爱之心，不用占卜就可以知道是吉祥的，而天下人也定将以诚爱之心来回报之。

上九　骄吝而无施惠之心，别人就会攻击他。再加上自己的意志摇摆不定，必有凶险。

【解析】

益卦六爻中，下面的三爻，即初九、六二、六三爻，都是受益者。初九爻第一个得益，得到上级的信任和重用去办大事，因而大有作为，大吉利。六二爻，受"十朋之龟"的大益，并用于祭祀上帝，吉利。六三爻在国中有难时，将收益用于百姓，实行损上益下，以示诚信。当然在实行中要报告国君。"告公用圭"，圭是古时官员所用的礼器。报告时"用圭"，表示诚敬与慎重。六四爻具体表现了损上益下之道。是讲古代迁国之事。迁国是一个国家最大的事，为的是让老百姓有更好的地理条件来休养生息，这是最大的益下、益民之举。

夬卦第四十三　☰

乾下兑上　夬①扬于王庭，孚号，有厉。告自邑，不利即戎，利有攸往。②

初九　壮于前趾，往不胜，为咎。

九二　惕号，莫夜有戎，勿恤。③

九三　壮于頄，有凶，君子夬夬，独行遇雨，若濡，有愠，无咎④

九四　臀无肤，其行次且。牵羊悔亡。闻言不信。⑤

九五　苋陆中央，中

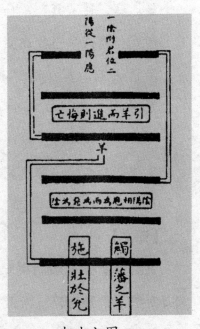

夬决之图，
出自宋·佚名《周易图》

行，无咎。⑥

上六　无号，终有凶。⑦

【注释】

①夬卦：乾下兑上，象征决断。"夬"是拉弓时戴在拇指上的护套，弦由戴护套的手指弹出，故日决除，决断的意思。②扬于王庭：在君王的朝廷之上宣扬自己的言论。扬，张扬。庭，通"廷"。自邑：指自己封邑的民众。即戎：指兴兵出战，立即征伐。③惕号：因惊恐而大叫。莫：通"暮"。恤：忧虑。④烦：颧骨。夬夬：决断的样子。濡：沾湿。愠：怒，怨。⑤次且：即趑趄不前，行走艰难。⑥苋陆：草名，一种像苋菜一样的草。⑦号：大声号哭。

【译文】

夬卦　象征果断的决除。夬是对抗性矛盾的卦象。夫卦卦象下单卦为乾，为天；上单卦为兑，为叛逆的小人，两卦结合即铲除离经叛道的人。在君王的朝堂之上宣告叛离者的罪状。告之自己封邑的民众，合力排除异己。但不宜立即兴兵征伐，应有万全的准备。

初九　脚趾健壮，贸然前行不能决胜小人，反而招来灾祸。

九二　"惕"是心之忧虑；"号"呼号。只要提高警觉，即使深夜发生战事，也没有危险，不必担心了。

九三　君子刚强过之，遭小人怨恨，有凶。君子独行遇雨，淋湿衣裳，心中怨恼，但不形于色，无妨。

九四　心中迟疑，坐立不安，如臀部的皮肤伤损一样。要像赶羊一样，在羊后面行走，就可以自由自在了。无奈忠言逆耳。

九五　刚毅中正，决断小人之患，取中庸之道，可免灾祸。只要居中行正，一定没有灾祸。

上六　小人即使穷途末路，奔走呼号也无济于事。凶。

【解析】

此卦爻辞是讲王庭受到寇戎的威胁，应随时防范，必要时还得动用武力。反映出古代社会的矛盾和冲突。

在人生旅途中，既要随时防范，又要果敢前行，要像山羊那样敏捷而果断地在大路中间

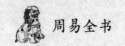

行走，如不走中正之道，一意孤行，必遭灾。

姤卦第四十四　　☰

巽下乾上　姤①女壮，勿用取女。②

初六　系于金梳，贞吉。有攸往，见凶，羸豕孚
蹢躅。③

九二　包有鱼，无咎，不利宾。④

九三　臀无肤，其行次且，厉，无大咎。

九四　包无鱼，起凶。

九五　以杞包瓜，含章，有陨自天。⑤

上九　姤其角，吝，无咎。⑥

【注释】

①姤卦：巽下乾上，象征柔刚相遇。②取
女：娶女。③梳：铜制的车轮车闸。羸豕：瘦
猪。孚：此为通浮的意思。躅：此为踯躅的意
思。④包：通"疱"，厨房。⑤以杞包瓜：用
杞柳的柳叶蔽护树下之瓜。含章：涵藏彰美。
陨：降落。⑥角：动物的角，指上方，角落。

【译文】

姤卦　象征通过，刚柔遇到。姤卦卦象是下单卦为巽，为风；上单卦为乾，为天。风生水起，万物萌生。姤卦为分离；姤卦为相遇。女子过分健壮必会有伤男子，不宜娶此种女子为妻。

初六　将小人紧紧缚在铜车闸上，定有吉祥。而急于让小人有所行动，则必然出现危险，如同把一头瘦猪捆绑起来，它仍会竭力挣脱。

九二　用草袋将厨房里的鱼（象征小人）包起来，不让他与宾客接触。可以免灾。

九三　臀部无皮，趑趄不前，坐立不安，但有险无灾。

九四　厨房无鱼，比喻不能包容小人，而且缺乏包容容让之心，会使人心背离，凶。

九五　用杞柳荫护树下之瓜，象征心有彰美之德，定有喜庆。

上九　不与小人正面抵触，虽看似不够刚正，但却没有灾祸。

【解析】

此卦爻辞讲男婚女嫁

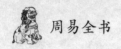

指出男人不宜娶过分刚强的女人。娶之则多发生矛盾。反映了古代夫刚妇柔的道德观念和抢婚的民俗。

萃卦第四十五 ䷬

坤下兑上　萃①亨。王假有庙，利见大人，亨，利贞；用大牲吉。利有攸往。②

初六　有孚不终，乃乱乃萃。若号，一握为笑。勿恤，往无咎。③

六二　引吉，无咎。孚乃利用禴。④

六三　萃如嗟如，无攸利。往无咎，小吝。⑤

九四　大吉，无咎。

九五　萃有位，无咎；匪孚；元永贞，悔亡。⑥

上六　赍咨涕洟，无咎。⑦

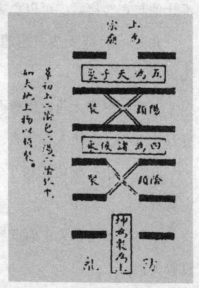

萃聚图，

出自宋·佚名《周易图》

122

【注释】

①萃卦：坤下兑上，象征聚集。②假：到。庙：宗庙。③一握：古代占筮术语，指在不吉利的情况下筮得吉卦之数。④引吉：迎吉。引，迎。禴（yuè）：古代四季祭祀之一，此为夏祭，也称作“禴”。⑤嗟如：叹息的样子。⑥萃有位：会聚而各有其位。匪孚：不信任。元：君长。⑦赍咨：悲伤的哀怨。涕淡：哭泣。

【译文】

萃卦　草丛生象征聚集。萃卦的卦象是下单卦为坤，为地，为顺；上单卦为兑，为泽。象征欢悦的顺从。君王到宗庙祭祀祖先，利见大德大才之人，亨通。利于居中得正。以大牲祭祀，必获吉祥。有利于行动。

初六　力图前行汇聚却遭阻隔，若两端交战，必不得结果；若力争求援，虽可以握手言欢，但却有失顺阳。一个人其志已乱，也只能苟且偷安了。

六二　迎来相聚，无灾祸。心怀诚信有益于祭祀祈福。

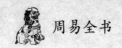

六三　由于没能会聚而心生叹息，没有用。即使有坚强有力的援助，如其不能刚直守正，宁愿舍弃也不能苟合；或许远方不得势的人倒是志同道合的朋友。

九四　位不当，却有福禄，也可以说是吉。

九五　会聚而获得拥戴，没有灾祸，但是还不能获取众人信任，就要用德性去感化了，才能使民众臣服。

上六　居上而孤处不安，其情必然戚戚。此时就要反思其行了，这样才能身不安而义自正。

【解析】

　　此卦讲的是君主亲临祭祖，方能信于臣民，臣民归顺。强调祭祀必诚信，并用大牲献祭；又认为取信于民的原则是保持至善品德。

升卦第四十六　䷭

巽下坤上　升①元亨。用见大人，勿恤，南征吉。

初六　允升，大吉。②

九二　孚乃利用禴，无咎。③

九三　升虚邑。④

六四　王用亨于岐山，吉无咎。⑤

124

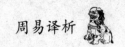

六五　贞吉，升阶。⑥

上六　冥升，利于不息之贞。⑦

【注释】

①升卦：巽下坤上，象征顺势向上升。②允升：肯定上升；允：诚信。③禴：古代四时祭祀之一，指薄祭。④虚邑：空的城邑。⑤用亨：献祭。岐山：古代地名，位于今陕西省岐山县东北。⑥升阶：登上一级台阶。⑦冥升：幽昧中上升。不息：指昏夜不停。

【译文】

升卦　象征顺势向上升。升卦的卦象下单卦为巽，为木；上单卦为坤，为地。两单卦结合木自土中升。亨通的卦象。利见大德大才的人，不必担忧。南方相当于上方，一往南方，可会见到大德之人，吉。

初六　在晋升中，要追随贤能的君子，才可大吉大利。九二祭祀求福中要挚诚恳切，才不会有灾难。

九三　凡升之道，主宾相得而成礼，君臣互奖而为治，故升道中不必疑虑、疑沮，方可永往直前。

六四　君王前往岐山祭祀神灵，定获吉祥，一切顺

理应当，没有灾难。六五占问吉祥，如步步升阶。

上六　君子在危亡之际，出世以求济难，受重任而不辞，还在乎以死相求吗。

【解析】

升卦认为君子鉴于地中升木的卦象，对自身品德修养的提高应顺时以动，遵循自然发展的规律，从小处着手积累，不断充实自己，有所前进，逐步达到高尚完美的境界。

升卦还揭示了"积小以高大"必须具备的主客观条件。"孚乃利用禴，无咎"，表示在"升"的过程中，人有无至诚之心很重要。在此强调了人的信念问题、信心问题。有信念、有信心者，手中便掌握有打开"升"之大门的钥匙。

困卦第四十七

坎下兑上　困①亨。贞，大人吉，无咎。有言不信。

初六　臀困于株木，入于幽谷，三岁不觌。②

九二　困于酒食，朱绂方来，利用享祀，征凶，无咎。③

六三　困于石，据于蒺藜，入于其宫，不见其妻，凶。④

九四　来徐徐，困于金车，吝，有终。⑤

九五　劓刖，困于赤绂，乃徐有说，利用祭祀。⑥

上六　困于葛藟，于臲卼，曰动悔有悔，征吉。⑦

困蒺藜葛藟株木图，
出自宋·佚名《周易图》

【注释】

①困卦：坎下兑上，象征困厄。②株木：树木。幽谷：幽深的山谷。觌：见。③困于酒食：醉酒。朱绂：朱，君王遮蔽膝部的朱红色服饰。绂，古代祭服的饰带。④困于石：道路被巨石阻挡。据是凭借、占据的意思，此引申为居处。蒺藜：一种带刺的植物，一年一生。

宫：居室，此引申为自己的家见其妻，意思是得婚配。⑤困于金车：被金车所困阻。⑥劓：古代刑法，削鼻。刖：古代刑名，断足。说：通"脱"。⑦葛藟：一种柔韧缠延之蔓翵脆：惶惑不安。悔：这里是后悔和悔悟的意思。

【译文】

困卦　象征陷入困厄或难以自拔。困卦的卦象是下单卦为坎，为险；上单卦为兑，为水。两卦结合指困于某种险厄之中。君子刚中正位，坚守自己的道行，即使身陷窘困，仍化裁通变，顺应而不穷志，故吉。但小人窥测其中，阴邪挟其智力，乘势相掩，旁人则难辨是非，是为困。

初六　不明争势，守枯木而困，坐待自匿，三年而不屈。

九二　酒食过于骄奢，服饰过于华丽，意外得到高爵，难免会感到窘迫。这只适于祭祀神灵。

六三　以柔居刚，所处不安，欲前往又有巨石相阻，欲退之，又困于蒺藜葛藟之中，犯天下之不祥，凶必及之。

九四　身陷囹圄，又有铁车阻困，救助行动艰难，只可量力，不可操急。

九五　削鼻断足不足为君子所困，倒是易被小人怀柔，享大人之亨，才是真正的理极势穷。但君子中正刚直，以神道感格之，鬼神当自祷，小人当自解。

上六　阴柔的小人被葛藤缠绕得劳心苦形惶惶不安，赶快悔悟自省，行则吉也。

【解析】

　　困卦爻辞谈了种种困境，反映了统治者既借助"神"的力量来制服臣民，同时制定种种惩治奴隶的刑罚，臣民像牲畜一样受统治者奴役。这一社会情况，描绘了臣民倍受刑罚、妻离子散的悲惨场面。

井卦第四十八

巽下坎上　井①改邑不改井，无丧无得，往来井井。汔至亦未繘。

井，羸其瓶，凶。②

初六　井泥不食，旧井无禽。③

九二　井谷射鲋，瓮敝漏。④

九三　井渫不食，为我心恻。可用汲，王明，并受其福。⑤

六四　井甃，无咎。⑥

九五　井冽，寒泉食。

上六　井收勿幕，有孚元吉。⑦

【注释】

①井卦：巽下坎上，象征汲取之理。②邑：泛指村庄城邑。井井：从中取水。第一个"井"字用作动词，取水。汔：接近。繘井：淘井。羸：此为倾覆的意思。瓶：古代汲水器皿。③不食：不能食用。旧井无禽：禽也解作"擒"捕获，又作水禽解。④井谷射鲋：井底小鱼来回窜游。鲋，小鱼。瓮：瓦罐。敝漏：破旧，破碎。⑤渫：治井淘沙。为我心恻：使我心中悲伤。王明：君王贤明。⑥甃：修整。⑦井收勿幕：修整水井后，不须覆盖井口。幕，盖。

【译文】

井卦　象征汲取之理。井卦的卦象是下单卦为巽，为木；上单卦为坎，坎为水。两卦结合木汲取水源而新生。林邑可以迁变，但水井依旧。以汲水之理，汲水引而上之可养人，反之为凶。这说明凡事都有定分，用人亦得相宜。如井太深，绳不及即未能尽其用；深入其下，瓶触于井边而毁，亦功败垂成，徒劳而无功。

初六　水井浚治不及，泥滓聚积，井水不能食用，没有飞鸟再来栖息。

九二　涓涓细流，只堪滋润小鱼了，就像漏了的瓦瓮一样。这说明用人者无掖贤才之实，虽有君子，也遇而不见。

九三　枯井已经淘净却不能饮用，未免感到痛惜，怜才者见之亦心伤。贤士也应有待求沽之意，如王明之受福。六四修井要修井壁，才不会有灾难。贤士也当进修，以待时机。

九五　井水清洌，能以食用，如贤能有德的人可普济众生。

上六　井已修复，无须再盖井口。

【解析】

井卦讲人们对井的整治，使井水变清的过程。井，出现在原始社会末期。奴隶社会实行

井田制，井的作用：是用于农业灌溉；便于土地的分封和管辖。此卦是古代井田制度下关于井的一些情况。昏庸的邑主，弃旧井而不顾，让人民遭殃；开明的邑主，则积极修治井壁，使人民用上洁净清凉的泉水。

革卦第四十九 ䷰

离下兑上　革①，已日乃孚。元亨，利贞，悔亡。②

　　初九　巩用黄牛之革。③

　　六二　已日乃革之，征吉，无咎。

　　九三　征凶，贞厉。革言三就，有孚。④

　　九四　悔亡有孚，改命吉。⑤

　　九五　大人虎变，末

革炉鞴鼓铸图，出自宋·佚名《周易图》

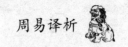

占有孚。⑥

上六　君子豹变，小人革面，征凶，居贞吉。⑦

【注释】

①革卦：离下兑上，象征变革去故。②己日乃孚：在十干中巳日巳过中央，意指由盛极而致衰的时刻。③巩：固守。革：皮革。此处为变革。④革言三就：变革必须慎重，须再三商议，一致认可，方可行动。三就：多番俯就众论。⑤改命：改革天命，改朝换代。⑥虎变：虎至冬日，皮泽光鲜亮丽。⑦豹变：与虎变义相同。

【译文】

革卦　象征质变改革。革卦的卦象，下单卦为离，离为火。上单卦为兑，兑为水，泽水而润。两卦结合水浇到火上，一旦熄灭，又会燃起，是变革的卦象。时至己日，下定决心改革，明智而使人悦服。吉。当革之时，行革之事，利卦。

初九　用黄牛的革防卫巩固，黄乃中庸之色，说明变革要稳妥从之。

六二　到了巳日断然实行改革，其往必吉。

九三　革之不可轻试，天人之理数不到，征则必凶。变革一定要审慎行事，经过多次计议，行动必须让大家心悦诚服。

九四　刚柔相济，道足以取信天下将自行消除。胸怀诚信之心的人，变革天命的时刻，仍然需要民众的信任与支持，才可以功成名就。

九五　大德大才之人阳自上而来，正天中之位，承天洪之祷，如老虎皮一样，鲜亮光泽，未卜吉凶，便知他光辉盛著，人所共睹。

上六　君子在改革之时毛皮会像豹子那般光彩，庶民革除往日的陋习，也会面貌一新。兴师动众持续变革中要有喘息的时刻，以逸代劳，方可吉祥。

【解析】

　　革卦有变革、改革之意。强调"变革以时"，根据事物发展的特点，选择适宜的时机，进行变革。主张君子变革之势要迅猛如虎、灵活如豹，小人才会革面洗心以相从。体现出作者强烈的阶级意识和对广大被统治者的威胁敌视态度。

鼎卦第五十　☲☴

巽下离上　鼎①元吉，亨。

初六　鼎颠趾，利出否；得妾以其子，无咎。②

九二　鼎有实，我仇有疾，不我能即，吉。③

九三　鼎耳革，其行塞，雉膏不食；方雨亏悔，终吉。④

九四　鼎折足，覆公𫗧，其形渥，凶。⑤

六五　鼎黄耳，金铉，利贞。⑥

上九　鼎玉铉，大吉，无不利。

【注释】

①鼎卦：巽下离上，象征三足两耳的鼎器，鼎不止煮食，还代表君王的权威。鼎上的花纹，还有镇妖避邪的功用。②鼎颠趾：鼎颠覆，足朝上。利出否：利于倾倒无用之物。否，不，指无用之物。以其子：因其子。以，因。③实：此指食物。仇：匹配，此指妻子。④革：革除，这里是失去的意思。塞：阻塞，

引申为困难。雉膏：用雉肉做的美味食物。方雨亏悔：天刚下雨阴云又散去。悔，通"晦"，指阴云。⑤覆公𫗧：将王公的八珍粥倾倒出来。公，王公。𫗧八珍菜粥。其形渥：洒得遍地都是。渥，沾濡之状。⑥金铉：金制鼎耳的吊环。

【译文】

鼎卦　古代烹煮食物用的三足两耳的鼎器。鼎卦的卦象是下单卦为巽，为木；上单卦为离，为火。两单卦结合即以木取火。象征革新。大吉大利，亨通顺畅。

初六　大鼎翻倒，其足向上，宜于倒出鼎中之渣滓，去旧立新；就如娶妾生子，其妾能佐立辅子，其身价也另当别论，当无灾。

九二　鼎中装满食品，说明君子有才，但仍要审慎。因小人染疾，君子要坚守中正之道，方可不被染。君子要慎所授。

九三　大鼎丢失了鼎耳，象征变革遇阻，君子志不相通。吃不到山鸡的美味，意指得不到图谋发展之路。待阴阳之和的雨来到，一切会吉祥的。

九四　大鼎折足，打翻了王公的美食，鼎身沾满污物，如同小人得志，必有凶险。

六五　大鼎配上黄色的金属鼎耳，鼎耳上有铜制的吊环，乃有利之卦。

上九　鼎耳配备玉制的吊环，宜受大烹之养，无不利也。

【解析】

鼎卦，有立新之义。立是事物发展的必然要求，如果旧的已破，新的不立，事物将处于无序和混乱的状态。只有立新，才能保持事物的稳定，并促使其向前健康发展。鼎在古代社会几乎成为贵族福祸和社会政治、经济状况的"衡量器"，也是社会变革、权力转移的"指示器"。

震卦第五十一　☳

震下震上　震①亨。震来虩虩，笑言哑哑。震惊百里，不丧匕鬯。②

初九　震来虩虩，后笑言哑哑，吉。

六二　震来厉，亿丧贝。跻于九陵，勿逐，七

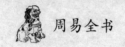

日得。③

六三　震苏苏，震行无眚。④

九四　震遂泥。⑤

六五　震往来厉，亿无丧，有事。

上六　震索索，视矍矍，征凶。震不于其躬，于其邻，无咎。婚媾有言。⑥

【注释】

①震卦：震下震上，象征雷霆震动。②虩虩：是壁虎，引伸为恐惧的样子。哑哑：为欢笑声。匕：是匙、勺。鬯：祭祀用的黍米酒，浸泡了郁金草，洒在地上，恭请诸神降临。③厉：迅猛。亿丧贝：将会大量失去钱财。亿，古制，十万为亿，这里是极多的意思。贝，古代货币。跻于九陵：登上九重高陵。跻，登。④苏苏：恐惧不安的样子。震行：震恐而行。眚：病，过失。⑤遂：附。⑥索索：沮丧发抖的样子。矍矍：视线不定，不敢正眼看。躬：亲身。有言：闲言碎语。

【译文】

震卦　象征剧烈而快速的震颤。又意为惊恐震悚。上下单卦都为震，指大地震动，阴阳交合。雷霆轰响，人人惊恐，只有恬而安之，才能尽于欢笑中。即使雷声惊闻百里，虔诚祭祀神灵的人，匙中的美酒不会洒落。

初九　雷霆急响，万物俱惶，内省后复而笑谈，可得福。记取震慑的教训，足以为之。随后又谈笑风生，必获吉祥。

六二　雷霆来临，损失大量家财。应该赶快逃往九重高山避难，而不要去追寻财物，七天之内财物自会失而复得。

六三　雷霆震动，恐惧而知反省，改过从善，不会有灾难。

九四　雷霆震动，惊慌失措的人会落入泥沼中，不能自拔。

六五　雷霆震动，上行下往，都有危险；恪守中庸之道，才不会发生事故。上六雷霆震动，心情沮丧，心神不定，干任何事，都不会成功；但仅震及近邻，能戒以动摇其心志，则无灾祸。不过近邻受难，难免遭到报怨。

【解析】

　　震卦中所说的雷，是一种自然现象，但它也比喻人世间的震动、震荡，或各种不测之事。震雷是可怕的自然现象，不同的人会有不同的心理反映。对震惊百里的巨雷，祭神者仍镇定自若，表现其对神明的极度虔诚；有的人心惊肉跳，惊惶失措；有的则嘻笑自如，无所畏惧。

艮卦第五十二

艮下艮上　艮①艮其背，不获其身；行其庭，不见其人，无咎。②

初六　艮其趾，无咎，利永贞。③

六二　艮其腓，不拯其随，其心不快。④

九三　艮其限，列其夤，厉薰心。⑤

六四　艮其身，无咎。

六五　艮其辅，言有序，悔亡。⑥

上九　敦艮，吉。⑦

【注释】

①艮卦：艮下艮上，《说卦传》说："艮为山…"山为静，为止。《序卦传》说："物不可以终动，止之，故受之以艮，艮者止也。"②庭：庭院。③趾：脚趾。④腓：腿肚。拯：举。⑤限：指人的上下部位的界限，即胯，腰部。列：裂。夤：脊背肉。薰：烧烤。⑥辅：颚部，面颊。⑦敦：敦厚。

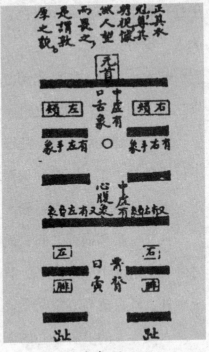

艮背象图，

出自宋·佚名《周易图》

【译文】

艮卦 象征抑止。艮卦的卦象是下单卦为艮，为止；上单卦为艮，为静。两单卦结合意指物不可以终动，止之。背部静止不动，人的身体就不能动了；内心

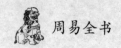

平静，耳不听声，目不取色，在庭院里行走，有人则若无人，没有灾祸。

初六：人动，脚趾先动。如抑止趾动，抑制事情在发生前，则无灾。即劝之进不如阻其止。永贞而利。

六二　腿肚居下体，随股动而不踩，顺手常理。但下位柔顺却中正，刚强却偏激。下位给以忠告，上位不听，下位郁闷不生只有追随。

九三　腰部横列其间，横施而不屈伸，使脊背也因之受制。这就十分危险了，君子要抑止邪祟，必须立身于事外，耳目清而心定。

六四　人的上身是心的所在，心是五官的中枢，言行的裁抑所在，故心必须善于自持，方无灾。

六五　抑止颚部，言则有序。言词刚厉时要简而明，言词柔顺时可以多说一点，此乃巧说法。所言得体，则无灾。

上九　操守敦厚严谨的美德晚节，必获吉祥。成德者，一生功力。

【解析】

全卦反映的是事物进入相对静止时期人们的处世态度。卦辞部分是讲气功的起势入

静状况，练功可以养生，象征行事无咎。爻
辞自初六至上九具体描写了真气自脚趾至腿
肚，再至腰身，至颊诸经络，自下而上的运
动变化过程，反映了变化发展的观念和当时
人们养生强身的知识水平。

渐卦第五十三　☴☶

艮下巽上　渐，①女归吉，利贞。②

初六　鸿渐于干，小子厉，有言，无咎。③

六二　鸿渐于磐，饮食衎衎，吉。④

九三　鸿渐于陆，夫征不复，妇孕不育，凶，利
御寇。⑤

六四　鸿渐于木，或得其桷，无咎。⑥

九五　鸿渐于陵，妇三岁不孕，终莫之胜，吉。⑦

上九　鸿渐于逵，其羽可用为仪，吉。⑧

【注释】

①渐卦：艮下巽上，象征一步步渐进，
"渐"又有"水浸透"的意义，指逐渐为之。

②女归：女子嫁人，归嫁。③鸿：鸿雁即大雁。干：水边。小子：指年轻小孩子。④磐：大石头。衎衎：和乐的样子。⑤陆：指中原平旷之地。⑥或：有的。桷：角材，房屋的木椽，此引申为直树枝。⑦陵：山陵。⑧逵：四通八达的道路。

【译文】

渐卦　象征事物一步步地渐进。渐卦的卦象是下单卦为艮，艮为山，为止；上单卦为巽，为顺遂而进。物不可终止，故循次以进。女子出嫁婚姻大事都要循礼渐进，如地相邻，爵相等，族相若，年相均，媒妁以通，各得其正，以渐而吉。

初六　鸿雁飞落到水边，但仍逡巡不前。象征小孩子不可急于行动，虽不致有危，但应自循其本分。

六二　鸿雁飞落在巨石上，落脚平稳，正在欢悦地饮食。吉。

九三　鸿雁飞落到中原平旷之地，失落于雁群，犹如丈夫打仗不回还，妻子还有孕在身，其情不固，所以凶。而刚强只适用于抵御外敌。

六四　鸿雁飞落在房屋的椽木上可以暂安，但鸿雁

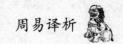

不可木栖，故应变而不失其正。

九五　鸿雁飞落到高陵上，居高而不遽然飞下，预示与妻子三年不相交而未怀孕，今朝聚首，夙愿以偿。

上九　鸿雁在天空中自由飞翔，落下的羽毛鲜艳光彩，可用作饰仪，十分吉祥。

【解析】

渐卦记的是一首哲理诗。它通过鸿雁栖息之地渐次从水洼一岸边一陆地一树林一丘陵一山阿的渐进过程的描绘，反映了一个女子婚后生活逐渐改善、命运逐渐转好的曲折过程。新婚先要忍受丈夫的疾言厉色；关系稍事改善，丈夫又从征戍边，全部家务由她一人承担，以致孕而不育，备尝艰辛。丈夫三年未归，她亦未能生育小孩，做出极大牺牲。丈夫御寇有功，得以提升，她亦因此显贵。这一由贫贱而富贵的发展过程，虽然是借鸿雁象征，但却完全合乎逻辑，是形象思维的典型一例。

归妹卦第五十四 ䷵

兑下震上　归妹[1]征凶，无攸利。

初九　归妹以娣，跛能履；征吉。[2]

九二　眇能视，利幽人之贞。[3]

六三　归妹以须，反归以娣。[4]

九四　归妹愆期，迟归有时。[5]

六五　帝乙归妹，其君之袂不如其娣之袂良。月几望，吉。[6]

上六　女承筐，无实；刲羊，无血。无攸利。[7]

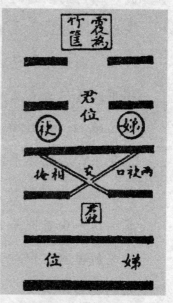

归妹君娣袂图，

【注释】

①归妹卦：兑下震上，象征女子妰嫁。归，嫁。②归妹以娣：少女出嫁，其妹从嫁。古代习俗，一夫多妻，姐姐，妹妹同嫁一夫，妹妹的名份称"娣"。③眇：自宋·刘牧《易数钩隐图》

瞎了一只眼。幽人：安恬幽居之人。④须：通"婺"，姐。反归：回娘家。⑤愆期：错过了日子，延误时日。⑥君：这里指正室即大妻。袂：衣袖，指衣饰。良：好。几望：既望，每日十六日。⑦筐：竹器，指盛嫁妆的奁具。实：指嫁妆。刲（kui）：割。

【译文】

归妹卦　象征古代婚嫁。但"周乃六十四卦"凡女、妇、妻皆指小人，都为凶卦。出嫁的少女，不以礼制而行，故前行有凶险。

初九　姐与妹同嫁一夫，妹为娣，即妾，因其身份卑微，就像跛足者走路十分艰难。但妹妹能恒守贞洁，姐妹共事一夫，仍然吉祥。

九二　刚居不正的小人，尽管娶了贤能的妻妾，仍通晓不了贞邪治乱的辨本，犹如眼疾者。但如果他能做到无欲而清，倒也能恒常。

六三　女人不能坚守妇道，即使嫁出也要被遣回娘家，这时以娣之身份从嫁倒可以了，只适合做妾的名分。

九四　男人三十而娶，不可过期；但女子若待年待

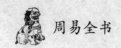

礼，其志本正，也未尝不可以。这是圣人之教诲。

六五　帝乙嫁女，正室的服装反而不如陪嫁妹妹的服装华美；成亲日期定在既望之日，十分吉祥。帝已是商代的帝王（商纣之父），他的女儿出嫁，尽管身份高贵，却不如其妾衣著光鲜。但帝已的女儿德称其位，故贵为天下之母。

上六　少女手捧空筐篮，无嫁妆可盛；刚刚杀了的羊，却没有放出血来，说明有名无实，不会有什么好处。

【解析】

　　此卦反映殷代婚姻的"媵嫁"制度，嫁姐，妹随嫁，共侍一夫。嫁后，姐称嫡，妹称娣。此风俗直至清代中叶在我国的西南诸省仍然残存着，是古代群婚制的遗迹。同时，爻辞中还谈到姐姐的嫁妆不如妹妹的嫁妆好，说明妹妹更受宠爱。

丰卦第五十五 ䷶

离下震上　丰①亨，王假之，勿忧，宜日中。②

初九　遇其配主，虽旬无咎，往有尚。③

六二　丰其蔀，日中见斗。往得疑疾，有孚发若，吉。④

九三　丰其沛，日中见沫，折其右肱，无咎。⑤

九四　丰其蔀，日中见斗。遇其夷主，吉。⑥

六五　来章，有庆誉，吉。⑦

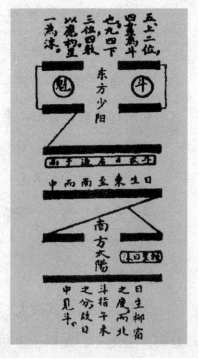

丰日见斗图，
出自宋·佚名《周易图》

上六　丰其屋，蔀其家，窥其户，阒其无人，三岁不觌，凶。⑧

【注释】

①丰卦：离下震上，象征丰厚硕大。②亨：通"享"，祭祀。假：通格、到达。日中：中午。③配主：匹配之人，即佳偶。旬：十日，又为均，相当。"旬"并不是最佳状态。尚：通"赏"。④蔀：遮光之物。斗：星斗。疑疾：疑嫉，猜忌。发若：发挥。⑤沛：与斾通用，黑暗无光似遮一大幕。沫，昏昧、小星星。肱：臂。⑥夷主：平易可沟通的君王。⑦章：文采。庆誉：喜庆和美誉。⑧闚：通窥。阒：空。觌：见。

【译文】

丰卦　象征丰盛硕大。丰卦的卦象下单卦为离，离为火，为光亮、光明；上单卦为震，为动。日中则斜，月盈则食，故丰封并不都是亨通之卦。王者在天下蔚为盛观的日子，拥有权威、财富和人民，他不必忧虑。但应在如日中天之际，普赐于人民。

初九　得遇匹配的主人，虽不能致察，但无忧，不会有灾祸；但超过十日，由满而亏，就会有灾难了。

六二　昏暗的君主如太阳已被遮盖，即使中午也能见到北斗星光。跟随这样乖戾君主，会遭以猜忌。不过诚信竭诚，可以获吉。

九三　日中而暗，如幡幔障无，只见小的星光。虽想撤蔽也无望，如折了右臂。但终不能以奸蔽贤，使大贤之人不能为天下所用。

九四　贤臣虽以刚居位，无奈昏暗的君王如太阳被大幕遮盖。当昏昧之世，贤良的臣子，只能求贤能以辅朝政，只能以刚试动于障蔽之中。这还是可以的。

六五　昏暗的君主有贤能的大臣相佐，就会获得吉庆，因而吉与誉并存。

上六　阴柔的小人设重屋厚障，居幽室之中。有人若想见之，屋内似空无一人。遇如此暗幽之人，三年如一日，必凶。

【解析】

丰卦六爻中，有三爻专门记载了太阳被遮蔽，出现了日食现象。六二爻"丰其蔀，日中见斗"，说的是中午时太阳被遮蔽，在白天见到了夜晚才出现的北斗星。九三爻"丰其沛，日中见沫"，日食的程度更进一步，中午时分连天上昏暗的小星星也能看得见。九四爻"丰其蔀，日中见斗"，回复到六二爻，说明日食慢慢地在退去。三四千年前的古人看见出现日食，怀疑自己得了疾病，有人在惊慌中不慎折了右臂。后来当日食全部消除，太阳重现光明时，人们才恢复常态。"有庆誉"，庆祝、称颂光明的重现。丰大强盛的太阳之所以被遮蔽，从科学的角度讲，是太阳、月亮、地球在某一时刻正好运动成一条直线，这是一种天体运动的自然现象。它既不是传说中的"天狗吃太阳"，也不是天帝降灾的警示，没有什么可奇怪的。但古人却能从"天地盈虚"的自然现象中进一步思考长葆丰盛之理。

旅卦第五十六

艮下离上　旅[1]小亨，旅，贞吉。

初六　旅琐琐，斯其所取灾。[2]

六二　旅即次，怀其资，得童仆，贞。[3]

九三　旅焚其次，丧其童仆，贞厉。[4]

九四　旅于处，得其资斧，我心不快。[5]

六五　射雉，一矢亡，终以誉命。⑥

上九　鸟焚其巢，旅人先笑后号眺，丧牛于易，凶。⑦

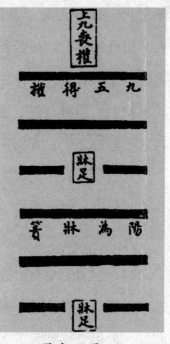

異床下图，

出自宋·佚名《周易图》

【注释】

①旅卦：艮下离上，象征行旅，失职，寄居他乡。②琐琐：琐碎小气之人。斯：此。③即次：住进旅店。即：住，就。次：停止，旅店。童仆：仆人。贞：忠贞。④焚：失火。⑤处：止，此指旅行受阻。资斧：行旅途中携带的钱财和护身工具（斧）。⑥誉：美名。命：爵命。⑦易：通"場"，田边。

【译文】

旅卦　象征行旅，失所。旅卦卦象下单卦，为艮，为山；上单卦为离，为火，两单卦结合指山上之火，行

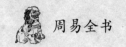
旅之火。行路人急于赶路，行动变换不定，故多不为吉。出外旅行，颠沛劳苦，四周陌生，故只有遵守文明之德，才得吉也。吉祥之卦。

初六　出外旅行，猥猥琐琐，舍不得花钱，坐车，自窘于微细之中，有招灾祸。

六二　旅人住人客店，带着足够的钱财，并得到童仆忠心侍奉，则免于灾。

九三　客店失了大火，童仆也跑掉了，即使不做不义之事，但未免也有穷途末路之感。

九四　尽管旅途中有足够的钱财，并有防身备用的利斧，但仍会感到孤苦无着（不安定）。

六五　射杀山鸡，丢失利箭，未免感到可惜，不过最后还是获得了荣誉并领受封爵之命。

上九　树上的鸟巢被焚毁，旅人先欢声笑语后嚎啕大哭；田边又丢失了耕牛，大凶。

【解析】

本卦爻辞讲的是，由于受到客观物质条件的限制，对周围环境产生的不适，在旅之人必须小心谨慎，尽可能顺应旅途中的生活环境，以防不测，求得平安。

154

巽卦第五十七 ䷸

巽下巽上　巽①小亨，利有攸往，利见大人。

初六　进退，利武人之贞。②

九二　巽在床下，用史巫纷若，吉，无咎。③

九三　频巽，吝。④

六四　悔亡。田获三品。⑤

九五　贞吉，悔亡，无不利，无初有终。先庚三日，后庚三日，吉。⑥

上九　巽在床下，丧其资斧，贞凶。

【注释】

①巽卦：巽下巽上，象征顺伏、顺从。②进退：进进退退。武人：勇武之人。③巽在床下：指祝史、巫觋，暗自传话给君王。史：祝史，职掌占卜，祈祝的官员。巫：即巫觋，巫婆。纷若：勤勉异常的样子。若，样子。④频：一次接一次。⑤田：田猎。三品：三等，以禽兽射杀的部位而论，上等的为心脏，为祭

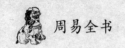

品，二等的为禽兽腿肉，用作招待宾客；三等的留作自己食用。⑥先庚三日，后庚三日：庚与更通，含变更意；庚前三日为丁日、戊日、己日，庚后三日即辛日、壬日、癸日。

【译文】

巽卦　象征顺从。巽卦是象征阴柔，巽阴潜起于阳下，故只有小亨。巽卦的卦象下单卦为巽。上单卦也为巽，是阴卦。柔顺修谨。因柔皆顺乎刚，慎以进而不敢干，故不会有灾祸。但过于优柔寡断，故只有见到大德之人才有利。

初六　过于谦谨，犹豫不前，不能果断处之。只有勇敢之人才有利。

九二　跪伏在神坛之下的谦顺，犹如效仿祝史、巫师般虔诚敬神的样子，仍会吉祥，没有灾祸。

九三　频与"颦"通，一再地顺从，但心犹未甘，并落不到好处，反招来羞辱。

六四　田猎所获可分为祭品、待宾、自用三等。国之大事，亦如田猎，能率夫役民，方能成大事，猎而多获。

九五　庚与更通，有变更的意思。一事在变通之前，应知会众人，让众人通晓其事端；变更后，再警其得失，这样才可以做到：命无不行，事无不主也。是礼乐征伐之道。

上九　顺从地匍匐在地，如行程中丢失旅资和利斧，即使地位显赫之人，也未免处境尴尬。凶。

【解析】

本卦爻辞讲，人们应有顺从的品德，但不可一味顺从。武该顺从命令，令进则进，令退则退，方能吉利。若心中不顺从，愁眉苦脸勉强去顺从。必出现危险。

兑卦第五十八　☱

兑下兑上　兑①亨，利贞。

初九　和兑，吉。

九二　孚兑，吉，悔亡。

六三　来兑，凶。②

九四　商兑未宁，介疾有喜。③

九五　孚于剥，有厉。④

上六　引兑。⑤

【注释】

①兑卦：兑下兑上，象征怡悦。兑又为泽，为水。泽能生长。万物丛生，故万象欢欣。②来兑：前来谄媚取悦。③商：考虑、琢磨。介疾：医愈。疾：小病。④剥：指丧乱损伤正道。厉：严厉。⑤引兑：引诱、和悦。

兑象图，
出自宋·佚名《周易图》

【译文】

兑卦　象征欢悦。兑卦意指的卦象有较大的变动性，得视具体卦象而定。兑卦卦象中下上单卦皆为兑，为交换，重卦中有返朴归真的含义。不过兑卦大都表示顺应天理，符合民意的卦象，是利卦。

初九　与人和谐，但阳刚得位，与物无竞，故十分吉祥。

九二　心怀诚信，和颜悦色，吉。虽不当位，难免

158

抱屈，但志诚可赢得朋友相信，亦无妨。

六三　柔以躁进，此小人之媚世，必流于邪崇，凶。

九四　未宁为患，治愈疾患是令人喜悦的事。君子要以刚居柔，酌量于宽严之中，得咸宜之道，这才能安宁获喜。

九五　居君位之人，如被疾邪小人包围，则有危险。这时他虽处剥丧之中（篡夺他的权力），但他仍不相信叛离。

上六　引诱拉拢的手段很不光明正大，但是否能得逞，就看受惠者的定力了。

【解析】

此卦爻辞讲的是人获得喜悦的各种原因，实际是揭示了人与人的交往之道。宣扬和悦处世的原则。反对无原则地取悦别人，更不能讨好取悦没有诚信的人。互相间和悦相处，必吉而无害。

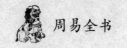

涣卦第五十九 ䷺

坎下巽上　涣①亨，王假有庙，利涉大川，利贞，

初六　用拯马壮，吉。②

九二　涣奔其机，悔亡。③

六三　涣其躬，无悔。④

六四　涣其群，元吉。涣有丘，匪夷所思。⑤

九五　涣汗其大号，涣王居，无咎。⑥

上九　涣其血，去逖出，无咎。⑦

【注释】

①涣卦：坎下巽上，象征涣，涣散，离散。水流散。涣卦的卦象下单卦，为坎，为水；上单卦为巽，为风。两单卦结合风动水起，水浮木泛。②用拯马壮：借助壮马。③机：即几，几案，矮脚的桌子。④躬：自身。⑤群：众人。丘：山陵。匪夷所思：不是一般所能想象的。⑥大号：大政令、王命。居：占有。⑦血，通"恤"，战争，战事。逖：即惕，

也可解为远。

【译文】

涣卦　象征水散。当人情凝滞不能通达时，君子能以怀安之志，善待天下，则可使阻塞之情上通下达。君王到宗庙进行祭祀大典，感化百姓，可利涉大江大川。

初六　马壮，则有奔驰蹄啮之伤，故开始徂寸就要调理它，使之驯服。拯救民众也当如此，吉在初始。

九二　杌作"投之以机"的机，即所凭借的安定之所。由疆外奔回，得中位而止，伏几而息，得以安定，使危难消除。

六三　身居刚位，能为公而忘私，虽不当位，但有就阳之素心，故无悔。

六四　豪杰之士能拔流俗以奋出，团结群众一致奉公，即非常之人成非常之功，光明正大，乃吉。涣有丘，指山丘低于山而高于地，涣起的民众如山丘一样高，而且倚以为群，是一般人难以想象的。

九五　汗为阳出而散阴者，指的是刚中得天位，应诰赏天下，虽王者以王位自居，仍应将聚敛的财富救济天下万民，以天子之畿封赐诸候，必无灾祸。

上九　阴阳失位，必然有争。故能远于交争之害，

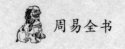
必可以超然事外。

【解析】

　　本卦讲的是古人防洪治水的经验：洪水发来了，幸有健壮的奔马来营救；洪水冲毁台阶，冲散了人群，冲上丘岭，又冲向王宫，人们相互救助才可以避免灾祸扩大；洪水过去了，人们得救了，但千万不能放松警惕。

节卦第六十 ䷻

兑下坎上　节，^①亨。苦节，不可贞。^②

初九　不出户庭，无咎。^③

九二　不出门庭，凶。

六三　不节若，则嗟若，无咎。

六四　安节，亨。^④

九五　甘节，吉，往有尚。^⑤

上六　苦节，贞凶，悔亡。

【注释】

　　①节卦：兑下坎上，象征竹节、时节、节

制、节俭。②亨：通"享"，祭祀。苦节：过
于节省，过分的控制。③户庭：内院。④安
节：安于节俭。⑤甘节：和怡的节制。

【译文】

节卦　象征节制、节俭。节卦的卦象下单卦为兑，
为译为水；上单卦为坎，为止。两单卦结合为泽之所容
有准，不泄不漏。节应有度，应顺乎天理之正，如强人
所难，过度节俭，则不足以济天下，且穷而未正。

初九　逢初九虽阳刚中正，但逢节卦，仍应慎之于
内院，不宜外出，则无灾。

九二　阳刚中正，时至事起，但审慎藏于内室，不
愿外出门庭，会坐失良机，凶。

六三　过于奢靡，不知节俭，再想节制已柔失其位
无法控制。这是咎由自取，又怎么能再怨天忧人呢？

六四　安于节俭，适当其宜亨通。

九五　以节俭为乐事，合乎理，顺乎情，为天下悦
服。享通。

上六　过分的节制行为是不可取的，因事物有其节
俭之本，过之则损。物不顺则穷，故凶。

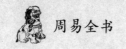

【解析】

节卦卦辞认为"'节'：亨"，认为有节制、守节度便能亨通。"'节'：亨"，首先是当节即节，不当节则不节。如节卦初九爻"不出户庭，无咎"，表明初九当节时有所节，因而无咎。而九二爻却说"不出门庭，凶"。这里的"门庭"、"户庭"是比喻，指在一定的范围，只是条件或时机有所不同。不脱离限定的范围，条件或时机不同，会导致相反的结果。

其次是审时度势，"节以制度"，在一定的条件下，人们应安于节制。就是六四爻爻辞所指的"安节，亨"。

再次"中正以通"，甘心受节制。这就是九五爻爻辞说的"甘节，吉。往有尚"，九五爻因处尊位，其节不是一家一户之节，也不是一人一己之节，而是守天下之"节"，守国家之"节"。这种"节"可以表现为节约的原则，所谓"节约"，也是一种节制。

与世界上任何事物都有两重性一样，"节"

164

也有两个方面，"节"如果失去"度"，也会
走向反面，成为"苦节"。节卦卦辞认为"苦
节，不可贞"，"苦节"，即过分节制，"不可
贞"就是说肯定不行，不用占卜了。节卦上六
爻辞说得明白："苦节，贞凶。"

中孚卦第六十一　☴

兑下巽上　中孚，[1]豚鱼吉。利涉大川，利贞。[2]

初九　虞吉，有它不燕。[3]

九二　鸣鹤在阴，其子和之；我有好爵，吾与尔
靡之。[4]

六三　得敌，或鼓、或罢、或泣、或歌。[5]

六四　月几望，马匹亡，无咎。[6]

九五　有孚挛如，无咎。[7]

上九　翰音登于天，贞凶。[8]

【注释】

①中孚卦：兑下巽上，象征内诚、诚信。

②豚鱼：豚和鱼。豚，小猪，此指祭品。③虞

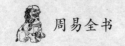

吉：因忧虑而获吉。燕：通"晏"，安乐。④
阴：通"荫"。和：应和。好爵：美酒。爵，
酒器，借指酒。尔：你。靡：共享。⑤得敌：
在战场上面临了劲敌。罢：通"疲"。⑥亡：
丧失。⑦挛如：广系天下之心。⑧翰音：鸡曰
翰音。翰，古代祭祀宗庙，依礼，祭品中必有
鸡，称翰。

【译文】

中孚卦：象征诚实。中孚卦卦象是下单卦为兑，为
泽；上单卦为巽，为木。两单卦结合，木在泽上，利于
涉越大江大河，利于取信。只要内心虔诚用豚和鱼祭祀
先祖，先祖也会赐福。此卦利于涉越大江大河。

初九：虽是诚信的卦，但仍应审度以求信实，继
之，则应再无乖违之意，则去。

九二：相处遥远，但心灵互有呼应，就如同野鹤在
树荫下鸣叫，小鹤也会应声随和；我有一尊美酒，今朝
愿与君共享。

六三：遭遇势均力敌的对手，有时想击鼓而进，有
时又想伺机后退；或哭或笑，或高唱凯歌，简直躁而不
宁，不知所以了。

166

六四：月亮未满将盈的，走失两匹马，如失去了助手。但破小群而无悖大信，感应之正，故无灾难。

九五：刚中居尊，心中减灾，故能感化共同战斗的朋友，没有灾祸。

上九：刚中居尊，虽鸣而不信，奈何鸣声高亢，但却不自量其刚中之不足，因此颇有孤掌难鸣之危。凶必及之。

【解析】

中孚卦体现至诚之心。至诚之心是人在社会生活中做人的根本态度，至诚之心不仅是与人相处之道，更是人的生存之道。

人培养至诚之心，最忌的是心系旁物，为物所累。如六三爻辞所说"得敌，或鼓或罢，或泣或歌"，别人鼓他也鼓，别人歌他也歌。六三爻的境况可能出于无奈，但与自身缺乏自信心有关。可见，至诚之心来自对自身力量的认识。"精诚所至，金石为开"，这样的至诚至信，没有坚韧之心是难以达到的。

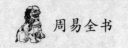

小过卦第六十二 ䷽

艮下震上　小过,①亨,利贞。可小事,不可大事。
飞鸟遗之音,不宜上,宜下,大吉。②

初六　飞鸟以凶。③

六二　过其祖,遇其妣;不及其君,遇其臣,
无咎。④

九三　弗过防之,从或戕之,凶。⑤

九四　无咎,弗过遇之,往厉,必戒,勿用,
永贞。⑥

六五　密云下雨,自我西郊,公弋取彼在穴。⑦

上六　弗遇过之,飞鸟离之,凶,是谓灾眚。⑧

【注释】

①小过卦:艮下震上,象征略有过越小有
过失、交错。②飞鸟遗之音:飞鸟飞过后,其
音不绝。③以:与,带来。凶:凶兆。④过:
越过。祖:祖父。妣:祖母。⑤从或戕之:放
纵自己从而有被人杀害的危险。从,即纵;

168

戕，害。⑥过遇：过分而强求。⑦公弋取彼在

穴：射鸟，鸟栖于穴中。弋，带丝绳的箭。⑧

离：网罗，捕捉。

【译文】

小过卦：象征小有过失、交错。小过卦的卦象是下单卦为艮，为山，为止；上单卦为震，为雷。山上之雷，可谓过雷，雷声大雨点小。此卦为小事利之卦象，可谓"雁过留声，其音不绝。"但大雁不宜高飞，只应向低飞，向下飞，如此才有利。

初六：飞鸟掠过头顶凶，实非飞鸟凶，而是遇之凶也，并大有妻子挟制丈夫，臣子挟制君王，蛮夷挟制中原之势。

六二：与祖父失之交臂，却和祖母相遇；高攀不到君王，只得与臣下交往，不可能得到原来的期望值，但并无灾咎。

九三：坦荡君子却遭小人算计，审慎戒之，可免于危；委屈求全则有被加害的危险。大凶。

九四：刚而兼柔，守正而不争，即不逞强，便没有危险。但如果过于仗义直言，秉持公道便会引火烧身。

六五：浓云密布不见雨，云气却从城邑的西部冉冉

升起，这是阴阳不和之状。这时君王位居尊位，就不能亲自去寻找辅佐自己的人，正如亲自执箭将钻入穴中的鸟猎捕来。

上六：势盛极必过，骄亢极必有失，正如飞鸟飞得太高，目标太露，终会被射杀。这是天之降灾，不可避。凶

【解析】

此卦讲若逾小矩越造成小过，还算亨通。如果去征伐和进行祭祀等国家大事则绝不可以。一旦冒进，则宜当退守，不然必酿成大错。步调保持要一致，不应放纵冒进，以免造成过失。批评或表扬，注意分寸，不可太过或不及，要注意事物的量的限度。

既济卦第六十三　䷾

离下坎上　既济，①亨，小利贞。初吉，终乱。

初九　曳其轮，濡其尾，无咎。②

六二　妇丧其茀，勿逐，七日得。③

九三　高宗伐鬼方，三年克之，小人勿用。④

六四　繻有衣袽，终日戒。⑤

九五　东邻杀牛，不如西邻之禴祭，实受其福。

上六　濡其首，厉。

【注释】

①既济卦：离下坎上，既即迹也，济，成，象征事物的完成。济，渡河，引申为成功。②曳：拖住。尾：车尾。③茀：车上的帘子，车幔。妇女坐车没车帘如何坐？④高宗伐鬼方：鬼方是商代西北方一个小国，经常骚扰中原。殷高宗去征伐。

⑤繻有衣袽：华服将变成破旧的衣服。

繻：华服；袽败衣，棉絮。

【译文】

既济卦：象征事业有成。即济卦的卦象是下单卦为离，离为火，上单卦为坎，坎为水，为艰。这卦象不是利卦。亨通，但只利于小事。因缺乏变通，终至僵化、离乱，后危乱。

初九：拖住车轮，车便不能前行，但无妨。因为刚阳总能镇住邪阴，正如狡猾的狐狸以狐媚乱人，终会让

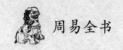

人抓住尾巴。

六二：妇人遗失了首饰，不要急于寻找，一巡之后第七日自会失而复得。

九三：殷高宗兴兵讨伐鬼方，经历三年苦战才打败了鬼方，但息劳而骄的小人，只可犒赏，切勿重用之。

六四："繻"指华丽的衣服，"枸枸"则为破絮。华丽的衣服再好，也有破旧的时候，凡事总要防微杜渐才好。

九五：东邻杀牛举行盛大祭典，倒不如西邻只简单地举行一个祭祀却实享天福。

上六：水浸过头顶，定有灾难。

【解析】

既济卦讲的是获得成功以后应持守。爻辞用"妇丧其茀，勿逐，七日得"与"高宗伐鬼方，三年克之，小人勿用"来说明在"既济"阶段，只要等待时机，善于用人，无论大事小事都能顺利通达。

在大功告成以后，主政者一定要居安思危，防患于未然。六四爻以"繻有衣袽，终日戒"来告诫执政者要日日思患，并早做准备；

172

九五爻以"东邻杀牛，不如西邻之禴祭，实受其福"来劝导统治者如想持守现有的福祉，就必须像祭祀那样，竭尽诚敬之心，事事认真对待，而不要只追求表面的铺张。否则就会"福兮祸所伏"，在顺境中懈怠放松，骄奢淫逸，自己种下动乱的祸根，以致在上六爻中出现"濡其首"的危象。这时就会应了"初吉终乱"的预言，"既济"走向了自己的反面——"未济"，从而又展开了新一轮的矛盾发展过程。

未济卦第六十四 ䷿

坎下离上　未济，①亨，小狐汔济，濡其尾，无攸利。②

初六　濡其尾，吝。

九二　曳其轮，贞吉。

六三　未济，征凶。利涉大川。

九四　贞吉，悔亡。震用伐鬼方，三年有赏于大国。③

六五　贞吉，无悔。君子之光，有孚，吉。④

上九　有孚，于饮酒，无咎。濡其首，有孚，失是。⑤

【注释】

①未济卦：坎下离上，象征尚未成功。②汔：极浅的河流。③震用：动用，指兴兵征战。震，强有力。大国，指殷商，又称大邦，大殷。④光：光辉。⑤孚：诚信。这里指举杯同庆。

【译文】

未济卦：象征事物仍在运作，尚未成。未济卦的卦象下单卦为坎，为水；上单卦为离，为火。火在水之上，形成水火未济的卦象。小狐狸渡浅河快要到岸的时候，打湿了尾巴，功亏一篑。

初六：小狐狸过河，都快到了，尾巴却湿了，结果无利而终。

九二：用力将车轮往后拉，让车慢慢往前走，这是因为他有自知之明，深知凡事不可冒然而进。故吉。

六三：还没有过河，也有风险，冒然前进，势必凶危。但凡事总要找到出路，克服重重艰难，故可以干大事，宜于涉越大江，大河。

九四：持正固本，吉卦。雷霆之师讨伐鬼方，三年征战，大胜而归。按功行赏封侯、封地，但战事未息，尚需再接再厉。

六五：有君子之德，故没有晦恨。君子的荣光不仅表现在持正固本上，而且表现在能与普天大众共渡难关上。故其光辉可鉴。

上九　举酒庆贺，没有灾祸。但酗酒或贪于酒色，就偏离了正道。

【解析】

未济卦讲的是事物的变化发展是不会终结的这一深刻的辩证法则。事物的发展，有一个艰难曲折的过程，需要不断努力。只有真诚努力，辛勤工作，积极促进事物向前发展，才能善始善终，由未济转化为既济，获得良好结果。

从卦序来看，作《易》者将未济卦安排在

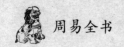

六十四卦的最后一卦，包含有揭示《易》道真谛的深意。正如《周易集解》引崔憬语所指出的：“夫《易》之为道，穷则变，变则通，而以‘未济’终者，亦物不可穷也。”“未济”即未穷也，未穷则有“生生之义”。这样，《周易》虽只有六十四卦，但最后一卦的“生生之义”使它不仅没有在终点停下来，反而以终点为起点又展开新一轮的矛盾运动过程。

周 易 研 究

第一篇 《易》名辨

我国易学,自古即有所谓"三易"之说。其说有二:一为《周礼·春官·大卜》所谓"大卜掌三易之法,一曰连山,二曰归藏,三曰周易。其经卦皆八,其别卦皆六十有四。"汉代学者郑玄在《易论》中补充说:"夏曰《连山》,殷曰《归藏》,周曰《周易》"。又说:"《连山》以纯《艮》为首,《归藏》又名《坤乾》,以纯《坤》为首,周易则以纯《乾》为首。"此所谓"三易",是就书类而言。

此外还有个"三易"之说,是汉代纬书《易纬·乾凿度》所说:"《易》一名而含三义:所谓简易也,变易也,不易也。"此处的《易》专指周易而言。意思是,《易》这个名称,含有简易、变易、不易三个意义,是依据周易之易字的词义及其概念的哲理内涵所作的三

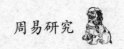

种解释。

本文所论述的，是有关第二个三易之说的一些问题。

简　易

从字义来看，易字本来含有简单、容易的意思。为此，《易》之"简易"便有一种平淡的解释，说是周代以前的殷商时代和夏代，占卜的办法是烧灼龟甲，观其裂纹，据其兆象，以测吉凶。而所用工具、裂纹的征兆以及观测的方法都是非常麻烦而困难的，倘非专职的卜史，则难以胜任。后来到了周代，由于不胜其繁而在占卦时改用蓍草为卜筮工具，排列草棍，计其数目，借以起卦，观察卦象，参照卦爻辞，以推断吉凶祸福。占筮方法比利用龟甲火灼简便。由此，周易的易字便被解释为简便易行的占法。这是《易》为简易之义的一种说法。但这种说法只是就占术的历史发展来作解释，并未涉及周易的内涵。

对周易之简易性从哲理上作出根本性解说的，当首推孔子。孔子阐释周易哲理的《系辞》，开宗明义即以

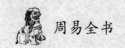

天人合一的精神指出，天地为宇宙人世的根本，而反映天地性能的周易体系的核心则为《乾》《坤》二卦。他说：

"《乾》知大始，《坤》作成物。《乾》以易知，《坤》以简能。易则易知，简则易从。"

这段话的中心思想是，如同天地造物一样，周易也由《乾》《坤》创始。《乾》主于开始，《坤》继以造成。其成物过程的特点是，《乾》以平易自然主持其始，《坤》则以简易不繁予以完成。就是说，周易六十四卦的父母是《乾》《坤》二卦，如此简易；而其演绎为六十四卦的体系，也是平易简单，顺其自然，无为而成，毫不勉强。其中的宇宙人世之理，也是如此。正是由于简易平顺，故而人们容易知晓，容易依从。接着，在这段话的最后，作为结论，孔子断定：

"《易》简而天下之理得矣。"

意思是说，把握住周易的简单平易之理，就可以把握住天下万事万物的规律。为什么周易有如此巨大功能呢？孔子在另一处作了回答。他说：

"《易》与天地准，故能弥纶天地之道。"

正如他所述，周易是以天地为准则而创制的，周易之理亦即天地之理，故而一旦掌握了周易的简易规律，即可掌握天地的根本规律。掌握了天地的根本规律，自然就能把天地间万事万物包络（弥纶）起来。这样，由于周易所包含的宇宙人间的根本规律是如此简单平易，所以便于理解，便于遵行。这种情况正如《淮南子·原道训》所说："舒之则幎于六合，卷之不盈于一握"，意为规律简易不繁，只是一点点，不足一把抓。但把它放开来分析万事万物，则四海之内所有事物都逃不脱它的范围。用今天的流行语来说，这种情形就是放之四海而皆准的真理。

如此说来，那么作为万物始祖的天地，即作为周易门户的《乾》《坤》二卦，其背后的最终规律究竟是什么呢？这一点，孔子也说得十分清楚。他说：

"一阴一阳之谓道。"

道即是万事万物的根本规律，它的内容再也简单不过，就是"阴阳"二字。也就是"－－、—"两个标象。明代思想家王夫之所谓"道之见于数者，奇一偶二而已"（《周易外传》），即是此意。道之为物，虽然如此简单平易，但宇宙间任何事物都不能越出它的囊括。宇宙、天地、男女、禽兽、君臣、上下、明暗、美丑、

强弱，等等，任何事物，皆分阴阳，统由阴阳组成。阴与阳又对立又统一，又分离又渗透，阴中有阳，阳中有阴，阴长阳消，阳消阴长，阳倡阴随，阴盛阳衰，如此等等，宇宙人间一切事物，莫不如此。莫不由于阴阳二气之相反相成而生、长、衰、变，运动不已。周易这种阴阳学说，可谓古代中国式的辩证法的矛盾学说。《庄子·天下篇》说"易以道阴阳"，确是要言不繁，一言中的，揭示了周易的精髓，把《易》名的简义，表明净尽。顺便说一句，南宋学者叶适创所谓独阳说，以为"道者，阳而不阴之谓也"，把一阴一阳之谓道，简化为独阳为道。但"独阳不生，孤阴不长"（程颐语），叶氏之说，非易简之简，而是错误的苟简。

变　　易

易字还含有变易之义。以变易来诠解《易》名，是古今中外最普遍最有权威的见解。例如周易的英语译名是"Book of change"，就是"变易之书"的意思。作为易书的译名，这种译法可以说是深得要领。

和简易一样，变易的观点也始自孔子。前面说过，孔子认为天地为宇宙之基，《乾》《坤》为周易之门。

在《系辞》中他明确地说："阖户谓之《坤》，辟户谓之《乾》，一阖一辟谓之变，往来不穷谓之通。"意思是说，《乾》《坤》两卦如同周易的门户，一开一关即发生变化，从而生出六十四卦，如同天地相交、阴阳互迭而生出万物一样。换个说法，也就是孔子在另一处所说的"生生之谓易"。阴阳互动互化而生出《易》之整体六十四卦，仿佛自然和社会由于阴阳二气之交构而生出万事万物，并生生不已一样。

孔子对周易性质的解释，归结起来，不外乎易、道、神三个概念。所谓"生生之谓易"，以生生不已之变来为易下定义；所谓"一阴一阳之谓道"，以阴阳二气的互动之变，来为道下定义；所谓"阴阳不测之谓神"，以筮算的莫测之变来为神下定义。而无论易、道或神，莫不以阴阳的变化为本。也可以说，只是阴阳变化的三个侧面而已。

孔子以变化之义阐释周易内蕴，前后有十次之多。即此亦足见，在孔子思想中周易就是一部讲变化的书（以上引文均见《系辞》）。

孔子之后，战国时代的儒家大师荀子也说过"天地会而万物生，阴阳接而变化起"（《荀子·礼运》）这样

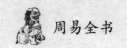

　　的话。显然，这种观点，来自孔子对《易》理的阐释。

　　降至汉代，司马迁接受孔子所传义理派的余绪，既肯定"《易》以道阴阳"，又直截了当地断言"《易》以道化"（《太史公自序》），也把《易》名解为讲变化之义。

　　不仅义理派的观点如此，象数派也持有此种看法。如汉代象数派代表人物虞翻、荀爽、侯果等的卦变说和互体说，《易纬》的三易说、四易说之类，都离不开以变易的观点看待周易。

　　到了魏晋时代，青年哲人王弼摒弃汉易象数之风，专注义理。他也袭用易传的说法，以"一阴一阳而无穷"的所谓"天下之至变"来解释周易（《周易略例》），虽然是以老解《易》，但其一阴一阳的变易之论，却未脱出孔子的窠臼。

　　唐代注《易》名家孔颖达说："《易》者变化之总号，改换之殊称（《周易正义》）。"对周易的名称，直截了当地以变化之义下了定义。这个定义，不仅具有超前的概括性和明确性，而且无形中已经从前人的三易四易之说中排除了变易以外的其他说法，应该算是易学研究的一个发展。

宋代的易学大师发扬义理派的传统，当然以孔学为基准。程颐说："《易》，变易也，随时变易以从道也"（《易传序》）。"阖辟便是《易》，一阖一辟谓之变"（《程氏外书》）"开阖便是阴阳"（《程氏遗书》），以及朱熹所谓："阴生阳，阳生阴，其变无穷"（《周易本义》），等等，不但观点与孔子一致，连词语也大同小异。至于张载，他认为"乾坤，天地也；《易》，造化也。"（《横渠易说》）其乾坤天地之语，来自《系辞》。其所谓"造化"，为参照化育之义，也指阴阳交迭而言。《淮南子·览冥注》认为："造化即阴阳也。"由此观之，张载所说，仍本于《系辞》。

明代易学家来之德于易学多所发明，他在《周易集注》原序中开宗明义，提出易名问题。他的说法是："《乾》《坤》者万物之男女也，男女者一物之《乾》《坤》也。故上经首《乾》《坤》，下经首男女。《乾》《坤》男女相为对待，气行乎其间，有往有来，有进有退，有常有变，有吉有凶，不可为典要，此《易》所由名也。"所谓《乾》《坤》男女，也即指天地阴阳、来往进退、常变吉凶等，也都是孔子《系辞》的思想。但来氏对《系辞》中不可为典要一语，特别提出，予以强调，把它同《易》名之来源联系起来如此阐释，虽仍为变易之意，却看重变动不居，阴阳莫测，可谓略有新意。

清代学者李光地在名著《周易折中》里引徐在汉的话说："一阴一阳，无时而不生生，是之为《易》。"这仍是袭用孔子以来阴阳交迭，生生不已的传统思想，并无新意。

综上所述，可见在三义的古说中，变易说确是横亘古今最有权威的说法。同时也可见孔子在传文中所阐述的一阴一阳的变易观，在历代易学的发展史上始终占有一以贯之的支配地位。

不　　易

简易，变易之外，周易的第三义为不易。不易者，不变也。表面上看，似乎与变易矛盾；实质上说，是相反相成。亦即：在不易的基础上实行变易，在变易的情况下保持不易。

郑康成作《易赞》与《易论》，发挥《易纬·乾凿度》三易之义，引《系辞》"天尊地卑，《乾》《坤》定

矣；卑高以陈，贵贱位矣；动静有常，刚柔断矣"这段
话，来解释不易之义。当然，孔子这段话所包含的不易
之理，既适用于《易》卦，也适用于外界。亦即：就结
构的形式与性质来说，周易和周易所反映的世界，是一
定不变的。天地、贵贱、动静、刚柔，实质上无非是一
阴一阳，是阴阳之变而已。纵然周易之卦爻与客观世界
千变万化，而贯穿其中的阴阳之道则永恒不变。用今天
的话来说，即事物内在的根本规律永不变易。现代学者
南怀瑾的《周易杂说》，在谈到这一问题时是这样说的：
"万事万物随时随地都在变的，可是却有一项永远不变
的东西存在，就是能变出万象的那个东西是不变的，那
是永恒存在的。那个东西是什么呢？宗教家叫它'上
帝'，是'神'，是'主宰'，是'佛'，是'菩萨'。
哲学家叫它是'本体'，科学家叫它是功能。管它是什
么名称，反正有这样一个东西，这个东西是不变的。"
这段话的内容是正确的，但和周易之"不易"，却扣的
不紧。易经只论阴阳八卦，未及宇宙本体（及其功能），
更与主宰无关。孔子在《系辞》中提出"太极"，认为
这是阴阳八卦乃至六十四卦的根源，但止此而已，并未
以它代替一阴一阳之道，以之为产生千变万化的事物的

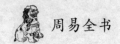

根本不变的宇宙本体。所以，把周易之不易视为一阴一阳之道，恐怕最合乎周易的本义。

交易及其他

前边提到过，除三易说之外，还有四易说，是来自《易纬·乾坤凿度》。它说："易名有四义，本日月相衔。"意思是，古易字形是上为日，下为月，日月相合成易。郑玄也同意此说，认为"《易》者，日月也。"但从字形来说，易字非由上日下月构成。

乾坤大父母图，出自宋·佚名辑《周易图》。取《说卦传》第十章所说的"乾，天也，故称乎父；坤者，地也，故称乎母"之意

《易》为日月之合的主要观点是，"日月为《易》，象阴阳也"（《读易会通》引秘书说），也还是用阴阳来解释《易》名，虽然，它和变易说的侧重点和

角度不同，但其内容也不过是一阴一阳之谓《易》的姊妹篇。

此外，还有一个类似日月说那样据文字立言的蜥蜴说。据《读易会通》引《客斋随笔》所云，从《说文》来看，《易》本蜥蜴，此种爬虫身色无常，一日十三变。《易》之名易，是取其善变之义。《读易会通》作者不同意这种说法，斥之为"望文生义"。其实上述日月为《易》之说，千百年来已为一些大家所认许，但也何尝不是望文生义！只要生义得当，亦未尝不可。就实质来看，日月说或蜥蜴说，都不过是变易说的不同的变易形式而已。

除上述五说之外，还有《易》为交易之说。《周易指南》引近代易学家林赐光说："周，代名也；《易》，书名也。其卦本伏羲所画，有交易变易之义，故谓之《易》。"在变易之外又提及古已有之的交易之说。当然，交易也是变易的一种形式，但单独提出，侧重点便有所不同。自为一说，也可成立。本来，周易以八卦为基础的整个体系，便是阴（－－）阳（一）二爻相交的产物。说文说"爻者交也，象《易》六爻头交也（头当为相）。"以周易六爻相交解释爻字，可见交义在

周易中的重要性。

交易之义，在十翼的《说卦传》中也具体存在。其十章说：

"《乾》，天地，故称乎父。《坤》，地也，故称乎母。《震》一索而得男，故谓之长男。《巽》一索而得女，故谓之长女。《坎》再索而得男，故谓之中男。《离》再索而得女，故谓之中女。《艮》三索而得男，故谓之少男。《兑》三索而得女，故谓之少女。"

这段话的意思是《系辞》思想的延长。《系辞》认为《乾》《坤》是"《易》之蕴""《易》之门"，《乾》《坤》之外的六卦乃至其他五十六卦全是由《乾》《坤》互相交错而产生出来的。《乾》☰《坤》☷相交，生出震☳坎☵艮☶三个男儿、巽☴离☲兑☱三个女儿。换句话说，也就是阴阳相交而构成易体。只有阴阳相交而不是孤立，才会发生变动，有了变动，才会有《易》体的产生。所以孔子在《系辞》中不厌重复地说："爻也者，言乎变者也。""爻也者效天下之动者也。"而爻的本义是交错，交错则变动，变动则产生事物。

后来，汉代易学家推衍《系辞》的交义，创为互体之说。所谓互体，又名交互，即从一卦六爻之中除去初、上二爻，以二、三、四相交为一卦，五四三相交为另一卦。并说上至下（五四三）为交，下挂上（二三四）为互。把一个六爻母卦，变为四个三爻子卦。接着，宋代易学家们又推演出包体、环互、伏互、变互、相互等学说，无非都是周易交义在象数形式上的延长。无论其价值与效应如何，却足见交义在《易》义中占有多么重要的地位。但另一方面，由此也可看出，交义也不过是变义之一端而已。

结　语

《系辞》说："《易》之道广大悉备，"的确如此。一个《易》名，竟衍出这么多的说法。（清代朱骏声《六十四卦经解》甚至有"又《易》于文为勿，象目彩之散著"之说，于义空泛，令人目眩。）一个名称，竟而如此麻烦。怪不得周易学说如此繁复，学派如此纷纭，令初学者头痛不已。正如有人所说"《易》者意也，圣人各以其意遇之者"（《周易外传·系辞下传》所引）那样，一个巨大的思想体系，如周易者，难免令人从四面八方作出各取所需的解释。

《易》名多说，已经历许多年代，而尚未趋于一致。

但如将各种学说综合起来深入思考，则感到其间并非分崩离析，各自为政，而有其互相联系、一脉相通之处。换言之，这些学说并不是独立地对古易经原文作出了解释，而是依据孔子《系辞》的精神作了推衍和发挥，并未越出孔子易大传的范畴。

这样，既然上述诸学说有一脉相通的内容，那么自然可以把它们归纳一下，作出如下比较全面的说法：

周易是以简易而永恒的阴阳之道，演示变化多端的卦爻象数，从而显示人间正邪之路，借以趋吉避凶的一部书。

最后，作为题外的话，联系钱钟书管锥篇的《论三易之名》，联想到另一个问题，即：易字虽同时具有不易与变易两个相反之义，并可同时并存，但它和"乱"之兼训"治"，"废"之兼训"置"等字不同。单就字义讲，易字并无不易之义。其所谓不易，纯粹是从哲理上阐衍出来的特定训义。在一般叙述性文句中，易字断无否定含义。

附记：另外尚秉和《周易尚氏学》认为《易》名原为占卜之义，亦可备一说。因牵连其他问题，兹不涉及。详见后文。

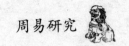

第二篇　三与四和不三不四

三才是上古思想的高峰

周易原是一部深蕴哲理与伦理于卜筮形式之书，经孔子发掘其内涵并申衍发挥，从而建成一个巨大的哲学体系的思想宝库。用孔子的话来说，就是：

"易之为书也，广大悉备：有天道焉，有人道焉，有地道焉。"（《系辞下》十章）

在孔子心目中，无论是天体运行的规律、社会变动的规律或大地运动的规律，在周易之中，无所不备。

从周易六十四卦的整个体系来看，上经三十卦，始于《乾》《坤》，终于《坎》《离》；下经三十四卦，始于《咸》《恒》，终于《既济》《未济》。《乾》《坤》为

《乾》卦的状态

万物之始祖，《坎》《离》为《乾》《坤》之妙用，这属于天地之道。《咸》《恒》表示男女夫妇之理，这属于人道的根本。而无论天地人哪一道，其运动形式总离不开完成（终）与未完成（始），亦即《既济》与《未济》的无穷连续，构成天地人运动的洪流。

另一方面，缩小范围，就组成周易体系的基本单元一卦来看，孔子认为其中也含有天地人三个层次。为什么一卦由六划构成？是由于"六者非它也，三才之道也""兼三才而两之，故六。"（《系辞下》十章）也就是说，天地人三才所构成的卦，相重一次即变成内外两卦组成的六划卦。同时三划卦的三地人亦随而扩展为六划卦的天地人。以《乾》卦为例，状态如图所示。

这样一天一人一地，即变为二天二人二地。即所谓"立天之道，曰阴与阳，立地之道曰柔与刚，立人之道曰仁与义。"（《说卦》）六划之卦，自下数起，初划为义，二划为仁，三划为刚，四划为柔，五划为阳，六划为阴。总共三对，成为地、人、天。

为什么由天地人各一划，变为各二划呢？此中有《易》之所以为《易》的根本道理。明代易学家来之德说："天不两，则独阳无阴矣。地不两则独阴无阳矣，人不两，则不生不成矣。此其所以两也。"（《易经集注》）这个解释，十分恰当。周易"崇效天，卑法地""明乎天之道，而察于民之故"（《系辞上》十章）。而天地人之变动都源于阴阳，即源于矛盾，无阴阳或矛盾，即无变动，即成为僵死之物。实际上宇宙只有成对

周易全书

孔子像，图出自明·天然撰
《历代古人像赞》。孔子，名
丘，字仲尼，中国古代伟大的
思想家、教育家、政治家。相
传孔子50岁的时候，经人推
荐才读到《易经》。他一发现
《易经》，便爱不释手，连读多
遍，经致"纬编三绝"。

的事物，并无单一的东西。"六者非它也，三才之道也"一句，就明显地告诉我们，三才的本身原来就是六，而不是三。

孔子以天人地三才的观点来分析《易》卦六爻的结构，是含有极其深刻而广博的意义的。何谓才？才是能力之意。天能复而资始，地能载而生成。人处天地之中有何能力？依三才之说，人不是消极被动地生存，而是顶天立地，与天地并行为叁，参加宇宙的生成造化。在大多数民众在精神上与物资上尚处于奴隶状态的社会中，人与天地并参的观点，无疑是达到了时代先进思想的高峰。

196

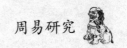

三四爻属于人位

这里值得注意的是，孔子虽然把易卦六爻定为天人地三才，但爻辞本身及孔子的解释，并未与天人地三才作机械的对应。亦即：并非初二爻的内容固定为地，三四爻的内容固定为人，五六爻的内容固定为天。六十四卦中只有乾坤两卦的六个爻位，可以直接作天人地三个层次的分析。而实际上，这样分析也还是以人为中心，离不开人所"参"的天与地。明末学者王夫之说得好："道行于乾坤之全，而其用必以人为依。""以人为依，则人极建而天地之位定也。"（《周易外传·泰》）就是说，天地不是离开人而孤立存在的，天地间一切事，可以说都是人事，都以人的利害为准则。孔子认为学《易》的目的在于"崇德、广业，知崇礼卑，崇效天，卑法地，天地设位，而《易》行乎其中矣。成性存存，道义之门。"（《系辞上》七章）意思是说，《易》的卦爻效法天地，而《易》道则行于其中；学《易》是为了崇德、广业和修性；《易》之门是道义之门。即此亦可见，三才之道，以人为主。为此，虽然《易》卦六爻

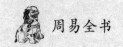

可分为天人地三层，但爻辞及《易》传却并不依此行事。最明显的，就是汉代《易》著《乾凿度》的分析，它说："初为元士，二为大夫，三为三公，四为诸侯，五为天子，上为宗庙。"除上六之外，其他五爻都是人，不过地位不同，以士人为起点而已。另外六爻还可依上下贵贱阴阳分为六位，奇数为阳位，偶数为阴位。依爵位分，初爻尚未入事，上爻已在事外，皆可谓无位，唯二、三、四、五这四个爻有位。二始任事，地位平平。三为内卦之顶，尤如地方官长。四为大臣，五为君位。这是一般依政治爵位所作的定位方法。总之，以人事为主的原则，贯穿于六爻之中。

不过，六爻中的三四两爻毕竟属于人位，于位中特别重要。汉《易》之八宫《易》序尽管对传统《易》序作了打乱重分，但其中游魂归魂二爻，仍为三四两爻。孔子赞《易》，于三四两爻，特别予以重视。

对于六爻中每爻的地位与性能，孔子有过分析和解释。他在《系辞下》九章里说："其初难知，其上易知，本末也。"意思是说，初爻象征事物开端，处于机微状态，矛盾尚未显露，难知其隐情。而上爻象征事物的末尾，已成定局，情形大白，故而易于了解。又说：

"若夫杂物撰德，辩是与非，则非其中爻不备。"意思是，至于观察刚柔相杂和阴阳性质，辩明其是与非，那非看中爻不能完全明白。中爻指的是六爻当中的二、三、四、五这四个爻。他接着说明："二与四同功而异位，其善不同。"意为二与四都是偶数，都处于阴位。在这一点上，功用相同。但另一方面，因为它们所处的地位不同，故而美善的情况并不一样。"二多誉。四多惧，近也。"第二爻美好的居多，因为它虽在低处，却居中位（初爻三爻之间）和处于高位的五爻（君位）相呼应，往往形成对应的关系。而第四爻则多半怀有忧惧，因为逼近头上的君位，近君如近虎，一不小心便会沾包，所以经常战战兢兢，谨慎小心。他又说："三与五同功而异位"，即三爻五爻都是奇数，属阳，但地位并不相同。情况如何呢？"三多凶，五多功，贵贱之等也。"三爻与五爻一低一高，一贱一贵。同时，三居内卦之顶外卦之下，不处中位（《易》以二与五为中），故而多凶，即往往容易出事。五爻处上卦之中，为最高善之位，故而多半表现成功。这些就是孔子对易卦六爻基本情况所作的分析。

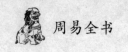

做人难，难做人

从上述评论中可以看出，三四两爻一凶一惧，居处艰难。三四爻为人爻，这是否暗示，在天地之间，做人最难？

按周易原则，以"中"为贵。二五两爻皆处于"中"（初与三之间、四与六之间），而三四爻则无此佳境。并且，三爻处于下卦之极，上卦之尾，犹如地方之独立首长，须听命于上（五爻），若以身处阳位而自作主张，往往难免受挫。一般不是官长的人，若地位上升至此，也要谦虚谨慎，以免吃亏。如《乾》卦三爻之"君子终日乾乾"，《坤》卦三爻之"无成有终"，即是例证。至于四爻，它处于一人之下，万人之上，伴君如伴虎，其惶惶不可终日之忧惧，更为明显。在古代专制政体中，这三爻四爻的为人之道，也许正是士大夫从政的有效法则。章太炎先生认为周易"记人事迁化，不越其绳，前事不忘，故损益可知也"（《易论》）。这个看法，完全正确。

当然，所谓三多凶四多惧，只是大体如此，不可一概而论。例如六爻皆吉的《谦》卦，三爻辞为"劳谦君子，有终吉"，四爻辞为"无不利，伪（挥）谦。"《观》卦三爻辞"观我生进退。"四爻辞"观国之光，利用宾于王"等等，依据卦爻所临的时、位及相互关系的转移（亦即时间，空间和条件的变动），都成为善爻。《易》道善变，可见一斑。宋儒程颐所谓"以一时而索卦则拘于无变，非易也；以一事而明爻，则窒而不通，非易也。"（《易传·序》）确是至理名言。

处于卦中人位的三四二爻，另一方面还可从数理上进行分析，予以发挥。按《易》理，三为阳、四为阴，阳虚而阴实。三阳虚，可视为时间，四阴实，可视为空间。人生天地间，不能离开古往今来的时（宇），也不能离开上下四方的空（宙），人类是生活在时空之中的（当然任何事物都如此，但人是中心）。具体说，三象征时，因为时由过去、现在、将来三要素组成。四象征空，由于空是由高低、宽窄、前后、左右四要素组成。人之一生可分为少、壮、老之三个时段，其活动场所则呈现四个方面合成的箱形。三四两个数与人体及其活动具有本质的联系。

不三不四的人物

　　最后，由三四两爻的性质、作用及其情况，不禁想到，周易这部古书经过孔子的阐述与发挥，加上历代学者的注释与宣扬，对中国传统文化的影响极为巨大而深刻。不仅深入于政治、经济、文学、艺术、体育、宗教、医学等领域，而且渗透于民俗民风的底层。仅就上述三四两爻数来说，此点亦甚为明显。举例来说，过去帮会组织（如青帮）开会时，惯用"三老四少"来泛称与会的同帮弟兄。这种称呼的含义，当然可以理解为"上下各个阶层的帮友们"，显然是来源于周易三四两爻的人位，是三四两爻意义的衍生与借用。另如俗语所谓"不三不四发了财"，"他认识了一些不三不四的家伙"等话，其含义也可解释为：一些不上下下的人，或者一些不阴不阳的人，既非君子也非小人的人，总之是指一些不成样子的人物。如依孔子所说的"立人之道曰仁与义"来套用，则"不三不四之辈"可转译成"不仁不义之辈"。或者，依"三凶四惧"的爻义来套用，则不三不四之辈，又可转译为"不听邪不知愁的家伙"。这

202

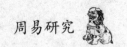

样，虽不免有硬套之嫌，似乎也说得过去。即此可见周
易对中国文化的影响多么深广。

第三篇　先阴后阳

说"阴阳"，不说"阳阴"

《尚书·周官》中有"论道经邦，燮理阴阳"之
语；孔子说"一阴一阳之谓道"；老子说"万物负阴而
抱阳（《道德经》四二章）"；《庄子·天下篇》说"易
以道阴阳"；《淮南子·说林篇》高诱注云："黄帝，古
天神也。始造人之时，化生阴阳。"如此等等，学术界
论及阴阳时，自古迄今都是先阴后阳，绝无例外。即便
俗话中也是如此。例如"阴阳先生"，"阴阳怪气""忽
阴忽阳"之类，这当然是语言中文白相承的自然现象。

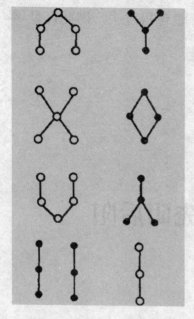

辨阴阳卦图，出自宋·刘牧《易数钩隐图遗论九事》

问题是，为什么谈到阴阳时，总是把阴字放在阳字前面，说成"阴阳"，而不把阳字放在阴字前面，说成"阳阴"。假如阴阳概念始自周易，那么以《易》道扶阳抑阴的观念来说，先阴后阳的词语，难免有自相扞格之嫌。关于阴阳的问题，周易从天尊地卑、天阳地阴的概念出发，主张阳倡阴随，认为这是万事万物活动的正途。《坤》为阴之主体，《坤》卦卦辞说得明明白白，"先迷，后得主，利。"孔子在象传中解释说，这句卦辞的意思是，"先迷失道，后顺得常。"（孙星衍《周易集解》）引何妥的话进一步阐述说，这句象辞的意思是，"阴道恶先，故先致迷失；后顺于主，则保其常庆也。"）所谓主，当然是指阳而言。既然阴恶先而顺阳，则阳先阴后，为理所当然。《乾》《坤》二卦是周易的门户，六十四卦的根基。其内含的阳倡阴顺、阳先阴后的精神，自然要贯穿于周易的整个机体。但是，为什么周易本身乃至雅俗所有场合的用语（概念的使用），总是说阴阳而不说阳阴，其故安在？

关于这一问题，历代学者先后有所论及，但阐述并不深切，而且迄今似尚无共识。

循环逻辑

近阅清末民初易学家林赐光在其论著的《义例篇》中，直接论到这一问题。他指出，"易不曰阳阴，而曰阴阳"。他认为理由在于，"系辞传所谓幽明死生鬼神，其阴阳之谓也。即天地而知幽明之故，即始终而知死生之说，即散聚而知鬼神之情状，皆先阴而后阳。"据此，他结论说："故不曰阳阴，而曰阴阳。"（转引自《易经指南》）

在这里，林先生把阴阳和幽明、死生、鬼神作比较，根据这三个词的结构顺序都是先阴后阳，从而作出不曰阳阴而曰阴阳的论断。这里，林先生使用了类比推理的方法进行论述，虽然对问题外部特征有所启发，但只及其当然而未及其所以然。阳倡阴随与先阴后阳的疑

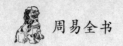

问，依然存在。还由于，这是一种循环逻辑：等于说，为什么先阴后阳？因为先幽后明（先死后生、先鬼后神），为什么先幽后明？因为先阴后阳。车轮话来回说，等于没说。

《易》逆数也

明末思想家王夫之在《周易外传》中论述泰卦时，曾触及这一问题。他说：

"天位乎上，地位乎下。谁为为之？道奠之，故曰一阴一阳之谓道。"

在这段话下面，他加了个简单的注释："先阴后阳者，数自下生。"只是这样简单的一语，并未详说。

依据天地定位的原理来看，天上地下（《乾》上《坤》下），即阳上阴下是合理的顺序，但按周易成卦之数序来说，是由初爻到上爻；不是由上而下，而是由下而上。如此由下而上的数序来数天地（《乾》《坤》），即成地天，先地后天，亦即先阴后阳，于是产生了"一阴一阳之谓道"的顺序。和先天后地（先阳后阴）相比，先阴后阳不是顺数，而是逆数。

这样，王夫之是以"易逆数也（《系辞》）"之说，来解释先阴后阳。

《易》为逆数，这是孔子对周易实质的精确判断。其内容不仅涉及数，而且涉及象、理等诸多方面。

上述王夫之对泰卦的诠释中，在述说先阴后阳之故后，即对《泰》卦之《乾》下《坤》上与天上地下的矛盾这一逆数，作了说明。大意是，《乾》《坤》相交，阴阳互动，"圜转出入，以为上下"，应以"道行于《乾》《坤》之全"的灵活实用的眼光来看待《泰》世之《乾》下《坤》上。《乾》下《坤》上，意味着天气下降而地气上升，二气相交，则阴阳和谐，万物通达，故名为《泰》（通）。王夫之虽未将泰卦上阴下阳之逆

东汉末年《太平经》中所描绘的由龙牵引着的车奔驰于天空中的情景，即《易经·系辞》中所说的"时乘六龙以御天"场景。

象，与先阴后阳的逆数问题结合论述，但其言论中已蕴含对这一问题的看法。

关于阴阳相逆而化育万物的观点，在孔子的《系辞》中早已表露得很清楚。例如他在乾卦《文言》中对乾卦的实质解释并赞美说："大哉，乾元！刚健中正，纯粹精也。六爻发挥，旁通情也。时乘六龙，以御天也，云行雨施，天下平也。"这段话，汉代易学家荀爽曾解释为，"御，行也。阴升阳降，天道行也。《坤》升于《乾》曰云行，《乾》降于《坤》曰雨施。阴阳和均而得其正。显然，这是以《乾》《坤》交流，阴阳倒转的"逆数"来阐释孔子的话。这种阴阳倒转的逆数，在泰卦中表现得最鲜明。泰卦的卦象是上《坤》下《乾》，天地倒逆。但卦辞却说"小往大来，吉亨。"对此倒逆形象，汉代易学家虞翻解释说："《坤》阴诎外为小往，《乾》阳信（申）内称大来。天地交，万物通，故吉亨。"

蜀才的解释是，"此本坤卦，小谓阴也，大谓阳也，天气下，地气上，阴阳交，万物通，故吉亨。"（清·朱骏声《六十四卦经解》）虞翻和蜀才对此阴阳交流的逆数之说明，和荀爽对"云行雨施"的解释，基本精神是一致的，都认为只有阴阳逆流，万物才能亨通。但是，这些易学大师的说法，只是到此而止。并未联系先阴后阳的语序问题，作进一步的探索。

一阳一阴非道也

以逆数解释先阴后阳问题，说得最明确而具体的，恐怕无过于杭辛斋。其言曰：

"《说卦传》：数往者顺，知来者逆。是故，《易》逆数也……此三字（指易逆数三字——笔者）最关重要，乃全《易》数理之关键所在。知来固由于逆数，而逆数实不仅知来之一端。大易之道，无一非逆而用之者。盖理顺而数逆，交相为用，非数之逆，无以济理之顺也。……故地中有山曰《谦》，而山附于地则《剥》。天在山中则《畜》，而天下有山则《遁》。地上天下则交而《泰》，天上地下则不交而《否》。水在火上则《既济》，火居水上则《未济》。一阴一阳之为道，一阳一阴则为非道。皆逆也。圣贤克己之功，丹家修炼之数，亦无一非以逆用。修德曰反身，君子必自反，反者逆之谓也。"（《学易笔谈》）

确如杭氏所言，大《易》的机体充满了综、错、交、互等逆反的运动变化，不仅顺往逆来；逆数的精神实为易道生命的关键所在。一阳一阴为正，一阴一阳为逆。杭氏认为前者为非道，而后者始为道，完全是从《易》为逆数的原则所作的解释。

但是，就具体问题来看，前述阳倡阴随与先阴后阳的矛盾，仍未解决。依据王夫之、杭辛斋等诸家的逆数说，坤卦"先迷，后得主，利"所表示的"阴先迷后利"的爻义，也无法解释清楚。

除了逆数说之外，还有其他的哲理命题涉及到先阴后阳问题。记得有的宋代学者谈易时曾说过这样的话："太极动为阳，静为阴，先静而后动。"

这段话，以太极（宇宙本体）之动静来说明阴先阳后之理。但这种关于宇宙本体运动的大原则却仍然无法与阳倡阴随的原理取得和谐。

佛家主张先阳后阴

此外，关于阴阳语序的先后问题，佛家的易学却另有新说。在《方山易》学秘笈的《说卦》评解当中，

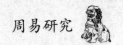

本光法师对先阴后阳之说作了批判。

请看他的学说：

"'观变于阴阳而立卦'，流行本作阴阳。《说卦传》作者与古今治《易》者，均习惯先说阴后说阳，实际为一差误。吾家易学讲授时，说为阳阴，方不背二气之主从关系。此句中之阳阴，指资始之阳气与资生之阴气而言。"（《禅与易·周易禅观顿悟指要》）

他的看法简单明了：先阴后阳的说法不对，因为阳（《乾》）主始，为主；阴（《坤》）主生，为从。"阴阳"的说法违背了阳阴二气的主从关系。故而《方山易》只讲阳阴，不讲阴阳。佛家易学这个办法，倒是简单易行，可惜并未讲出古今治易者何以"先阴后阳"的原故。仍然使这一说法的成因，成为悬案。

答案未必在周易

关于这一难题，我认为，如果把目光扩大，越出周易之外，也许会获得正确答案。简言之，众所周知，上古时代中国有三易：夏之《连山》，殷之《归藏》，周之《周易》。三易都以阴阳八卦为基础而形成六十四卦体系，但《连山》从艮为山卦开始，《归藏》从坤为地卦开始，而周易则从乾为天卦开始。《礼记·礼运》记载，孔子在收集古文献时曾见过殷之占书《归藏》，他说："我欲观殷道，得《坤》《乾》焉。"可见《归藏》起始两卦是《坤》《乾》，不是《乾》《坤》。孔子这段话大约是真实可靠的。学术界公认，所谓"殷道亲亲，周道尊尊"，殷代尚存母系社会的残余，其占书以阴性为首，不足为怪。而周易则是上古阴阳八卦的继承与发展，据孔子讲，大约作于殷末周初。时已至其道"尊尊"的周代，改为以阳性为主，以乾卦为第一卦，把《坤》《乾》改为《乾》《坤》，当是顺理成章。总之，殷易为首的《坤》《乾》，传到周代，就逆转来变成周易开头的《乾》《坤》。虽然六十四卦的卦序发生变化，但《归藏》之母系为先的思想，即阴先阳后的思想却在骨子里暗中保留下来。也许，这样以历史的观点来解释先阴后阳问题，会是一个合理的答案。

最后，还有一个可能的看法即认为一阴一阳、阴先阳后的说法，是为了语言表达的方便。从音韵来说，并列结构的词，多为仄声在后，如男女、上下、里外、左右、大小、强弱等等。但也不尽然，如死生、鬼神、是非等则是仄声在前，平声收后。同是平声，尊卑、师生、高低之类，则显然是照意义的顺序排列。老少、文武、前后都是仄声，其排列也是依据词义。乾坤二字都是平声，其顺序之先后，只有意义的差别，并无语音的妨碍。这样看来，语音说也便不能成立了。

总之，先阴后阳的词序，实质上并非词语问题，而是哲学问题。本文的意见并不成熟，不过抛砖引玉，希望经过深入探讨而获得最终的解决。

第四篇　"一君二民"与"二君一民"辩释

孔子在《系辞下》四章中说："阳卦多阴，阴卦多阳。其故何也？阳卦奇，阴卦偶。其德行何也？阳一君而二民，君子之道也；阴二君而一民，小人之道也。"这是孔子对《易》卦分阴阳的原因、性质及作用的解释。

这段话当中的一君二民和二君一民，从古迄今异说分歧，尚无定论。大体上总括说来有如下几种说法。

治域广狭说

汉代易学大师郑康成在《礼记》注释中说："一君二民，谓黄帝尧舜地方万里，为方千里者百。中国之民居七千里，七七四十九，方千里者四十九；四裔之民居千里者五十一，是中国四裔二民共事一君。二君一民，谓三代之末，以地方五千里，一君有五千里之土，五五二十五，更足以一君，二十五始满千里之方五十，乃当尧舜一民之地。故云二君一民"。（《礼记疏》）

郑康成这种解释，是依据以传说与理想为根据而由儒家拟制的所谓王制，其内容不足为凭。退一步讲，即使其制度为真也不足以说明问题。为此，杭辛斋《学易笔谈》中对它作了驳斥。杭氏认为郑说："极迂迴曲折之致，而不敢谓其确合经义。"今天重读郑注，的确感到其以统治范围的广狭来诠释一君二民、二君一民问题，未免牵强附会，而又与原文的君民之义与君子小人之道，难以融合。

道家阴阳说

晋人韩康伯的说法。韩之言曰："阳，君道也，阴臣道也，君以无为统众，无为则一也。臣以有事代终，有事则二也。故阳爻画奇，以明君道必一，阴爻画两，以明臣体必二。斯则阴阳之数，君臣之辨也。以一为君，君之道也，二居君位，非其道也。故阳卦曰君子之道，阴卦曰小人之道也。"（《周易王韩注》）

众所周知，韩康伯信奉道家，他继王弼未竟之业"以老解易"。在此，他不似康成及其他某些易家，泥于数字，而是活用数字，以道家倡导的无为而治的抽象性来解释"一"，以承命办事的具体性来解释"二"，并依据阴阳之道，把"君民"说成"君臣"，从而归结为君子小人之义。明确地说，韩氏之意就是认为一君二民，是君上臣下，是君子之道。相反地，二君一民则是臣上君下，是小人之道。换句话说，韩氏只是以有无的观点来看待君臣统治关系的正常与反常，从而阐释"一君二民""二君一民"的含义，实际上并未涉及一与二的数量关系问题。而避开数量关系，《系辞》的这段话

就说不清楚。

这样韩注也不能令人满意。

语焉不详说

对上述命题，朱熹在《语类》中是这样表示的："试问一个民而有两个君，看是什么样!?"这种近似讥讽的反驳，语焉不详，缺乏论证性和服说性，不为后学者所重视。杭辛斋就曾在《学易笔谈》中斥之为"尤为滑稽"。

政权分合说

两宋之际的易学研究者朱震在《汉上易传》中却对此作出较好的解释。他认为，"阳卦一君而遍体二民，二民共事一君，一也（奇，阳），故为君子之道。阴卦一民共事二君，二君共争一民（耦，阴），故为小人之道。"意思大约是上下一致的政体为君子之道。上下分裂的政体，则为小人之道。虽然，这种分析与阐述并不完备，但能从政治斗争的理论来理解原来的命题，应该说还是贴近《系辞》的原意。

来之德对易学内蕴多有发明。他对上述命题是如此诠释的："一君二民乃天地之常经，古今之大义。如唐虞三代，海宇苍生罔不率俾是也，故为君子之道。二君一民则政出多门，车书无统，如七国争雄是也，故为小人之道。"

来氏之说，与《汉上易传》说大意相同。唯来氏所举两个史例与"政出多门"一语，在发掘原意上稍为具体些。但总体看来，仍使后学者感到美中不足。

君主民主说

清代易学家李光地对此则有较多的阐述，其言曰："《震》《坎》《艮》多阴而为阳卦者，阳卦主于奇也。《巽》《离》《兑》多阳而为阴卦者，阴卦主于偶也。盖奇阳为君，偶阴为民。一君则是君之权，而君为主，君为主则民听命，所以为君子

坤六位图，出自宋·朱震《汉上易传·卦图》

之道也。二君则是君之权分，而民为主，民为主则君失职，所以为小人之道也。"

李说释君为权，以一君为一个君权。以君权之分裂来解释这一命题，其含义与朱氏所谓"一君遍体二民"和"二君共争一民"，以及来氏所谓一君为"天地之常经"和二君为"政出多门"等说法，大体类似。但李氏进一步推演，认为二君则民为主、君失职，则有欠妥当。虽然可以说二阳之卦以阴为主，但泥于此而导出民为主，二君为君失职，则不免穿凿而乖于事理。比较看来，依上古历史背景来说，对于所谓二君，还是以"天无二日，国无二君"之礼加以解释，最为贴切。

得一得二说

在古往今来诸多易学家中唯独杭辛斋于此有独具慧眼的见解。在《学易笔谈》中他论及《阳卦多阴，阴卦多阳》时说：

"此章阐明《易》道阴阳之大义，为全《易》之关键。辩卦爻阴阳之德行，数理之体用，乃学者入手之纲领，故设为问答以明之。阳卦者《震》《坎》《艮》，皆一阳而二阴。阴卦者,《巽》《离》《兑》,皆一阴而二阳。《乾》《坤》为各卦之原,且纯体不易,其阴阳易知,故不在此设问之列。历来注易家于'一君二民、二民一君'之义,异说纷歧,莫可折衷……。其实孔子语义,甚为明白。一君二民,谓君得其一,民得其二也。二君一民谓君得其二,民得其一也。一二两字不过表示多寡之意。故下文曰君子之道,小人之道。经义显豁呈露,无待曲解,何以时历三千年,经无数之经师大儒而迄未讲明,是可怪也。"

　　杭氏此解大异于前人,可谓一革命性的独到之见。他把原话中的一二解释为"得"之多少,即获利之大小。二君一民是君得多而民得少,损下益上,是谓失德的小人之道,即昏庸的政治路线。反之,一君二民则是,君得少而民得多,损上益下,是为有德的君子之道,即贤明的政治路线。非常明显,在这里杭氏是以

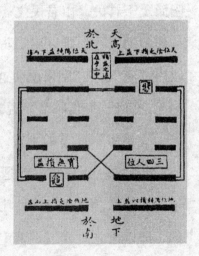

损益用中图,
出自宋·佚名《周易图》

《损》《益》二卦的精神来阐释这一命题。《损》卦象辞
为"损下益上，其道上行。"正由于损下以益上，故谓
之《损》。而《益》卦之所以为益，则正如象辞所谓
"损上益下，民悦无疆"之故。以《损》《益》二卦的
精神来考察杭氏"得失"之说，就会一目了然。

但杭氏所说，虽不落旧套，却未免脱离原文，而有
标新立异之嫌。如果我们将杭氏之说与《系辞》原文对
照，仔细思索，便会感到两者之间难以水乳交融，契合
无隙。

首先，问题的提出在于阳卦多阴，阴卦多阳，由阴
阳而及于君民，由君民之一二，以至于君子与小人。这
一连串的问题，难以用"得失"二字加以串连。如同难
以用"有无"二字来说明这一命题的全部含义一样。因
为无论韩氏的"有无"说或杭氏的"得失"说，都脱
离了《系辞》此节的主旨。

《系辞》此节的主旨是从卦之阴阳论及君子小人之
道。孔子认为阳卦多阴，阴卦多阳的原因在于阳奇阴
偶，即以阳之一或二，确定其为阳卦或阴卦。所以离开
奇偶这个爻数，便理解不了原话的真意。所谓一君二
民，就是一阳二阴；二君一民就得二阳一阴。前者是君

子之道，后者是小人之道。应该这样来理解才对。得失与有无，都是脱离原文而衍化出来的释义。如果我们进一步从三爻卦扩展到六爻卦来作观察，情况就显得更加清楚。如《复》嚚《剥》褊《师》祐《谦》独为一阳之卦，一君之卦；而《姤》龀《履》眺《夬》躇为一阴之卦，君非一个。前者（一君之卦"奇"）为君子之道；后者（非一君之卦"偶"）即为小人之道。如此看来，则一君之为一君主政，二君之为二君分政，昭然若揭。

其次杭氏的得失之说，还有对古文的理解问题。依上古文法，君得一而民得二，只说"君一民二"，不说"一君二民"。就文字关系来看，杭说也失之"意解"。

总之，所谓一君二民二君一民云者，应该说包含这样意义。即：一般情况下，阳为君，阴为民；阳为君子，阴为小人。一阳二阴之卦表示一君二民；二阳一阴之卦表示二君一民。一为"单体"，二为复体（不必是两个）。一君二民表示：一君主政，政令统一，众民拥戴，上下一致。二君一民表示：多头乱政，令出多门，民力软弱，无所适从。

以上观点，前人多已论过。此处只是把它与错误说

法对比缕析，加以阐明而已。但作为学《易》心得，还可作为下补充。

厚下安宅说

本文认为，所谓一君二民，不仅表示一君专政而众民拥戴，并且是底厚上轻，显出金字塔形的政权稳固的形象。反之，二君一民则表示政权分裂，民力衰弱，上重下轻，显出政权基础极不稳固的形象。这一点，并不仅是探索《系辞》此节时就事论事的印象，而是从联系孔子《系辞》思想的网络中所产生的心得。具体说，本文觉得要彻底理解孔子这一命题，必须同《剥》卦的象辞相参照才行。《剥》之象曰："山附于地，《剥》。上以厚下安宅。"山剥附于地，是由于基础不牢。也许观此卦象，孔子体会到"本固邦宁"思想的重要性，才作出这样象辞。另外，《剥》卦上九的象辞说："君子得舆，民所载也。"也许孔子从《剥》卦的阴阳矛盾以及上九一阳独存的形象中悟到一君受到万民拥戴，如同身受车载一样，安稳自在。虽然处于群阴剥阳，阳消阴息之时，但阳道不尽，《剥》极必《复》，卦中"以阴承阳者，无所不利，而应阳者亦得无咎。唯远阳而剥阳者凶"（陈梦雷《周易浅述》）。所以像《剥》卦这样一阳多阴的卦，实质上属于君子之道。这样对比一看，所谓"一君二民、二君一民"的真义，也便洞若观火了。

第五篇　卦，是什么

卦者挂也

卦是组成大易体系的基本单位。卦这一概念的内涵也具有多重性。何谓卦？易学史上有好些说法，迄无定论。普通的说法是：

"卦者挂也，言悬挂物象以示于人，故谓之卦。"（孔颖达《周易正义》引《易纬》）

这是把卦义释为挂义，乃是同音而引申，并无其他根据。

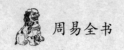

清人丁寿昌不同意这种说法，他依据古说认为：

"案《说文》，挂，画也，从手，圭声。……卦、挂古通，皆取分画之意，后人乃云悬挂，俗制挂字耳。卦画叠韵为训。孔氏以卦为悬挂，非古义也。"（《读易会通》总论《卦辞、爻辞》）

丁氏依古义认定卦字原为画义，悬挂云者，乃是依后起俗字"挂"与卦同音而设想，不是卦字本义。这是把卦训为画，认为《易》卦由画象而来。

上述两说，内容不同，但有一共同点：都是就卦的字面意义所作的训解，并未触及《易》卦的内涵。单就字面意义的根据来看，可以认为后说较好。

另外，《说文》还解释说："卦，所以筮也，从卦，圭声。"这是就《易》卦的表面功用层面所作的诠训，也未触及《易》卦的本质。

卦者象也

那么，《易》卦的本质属性是怎样的呢？让我们先看看孔子的说法。

在《系辞》中和《说卦》中，孔子有三十次（《系辞》二十七次，《说卦》三次）提到卦，但没有一次正面界定。而对爻则不然，直接揭示其本质属性。如："象者言乎象者也，爻者言乎变者也。"（《系辞上》三章）"象者材也，爻也者效天下之动者也。"

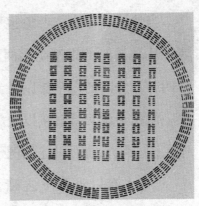

伏羲六十四卦图，出自宋·朱熹《易家启蒙》

（《系辞下》三章）象是表达卦的主题思想的文辞，说象是讲象的，等于说象是讲卦的；说象是卦义之材料，等于说象是卦材。但孔子却不直接提出卦字，而同时对爻是何物，却直截了当明显地作出断定。这一点，初看似乎有些奇怪，但细一思索便会发现，孔子对卦是何等事物，只从各方面对其本质进行描述，而不作简单明了的界定。为什么？我想原因也许在于，卦是涵义很深而具有多层规定性的具体概念，只使用定义式的简单语句，难以界定。所以，在孔子易传中尽管有"爻者如何"这样的句式，却没有"卦者如何"这样的命题。

那么，孔子对卦这个东西是怎样阐释的呢？

第一，即象言卦。

当然，"《易》者象也"，象是《易》的骨干与灵魂。从《易》的根基阴阳两画起，三画卦、八卦乃至六十四卦，卦内的六个爻以及卦变、爻变等等，都离不开象。但孔子说爻就直接以爻为主词，而说卦却有时以象作主词。除了前面引述的例子之外，还有：

"圣人有以见天下之赜，而拟诸形容，象其物宜，是故谓之象。圣人有以见天下之动，而观其会通，以行其典礼，系辞焉，以断其吉凶，是故谓之爻。"（《系辞上》八章）

这段话的大意是，圣人发现天下事物中的复杂而深奥的道理，便模拟这些事物的形象，按其性质画出卦象，因此名之曰象。圣人又发现天下事物的运动变化，而观察其互相间会合贯通的法则，据以成为日常的行为准则，并系以文辞，以断其吉凶，因此名之曰爻。这段话前半主要是指卦象形成的依据及其性质，（即《系辞上》十二章所谓"极天下之赜者存乎卦"）。后半是谈爻（包括爻辞）形成的依据及其性质（即《系辞上》十二章所谓"鼓天下之动者存乎辞"）。但前半谈卦时只笼统谈象而不谈卦，说"是故谓之象"，以象括卦。后半谈爻时则说"是故谓之爻"，清清楚楚。

确如《系辞》所说，"《易》者象也"。象是《易》的根本属性。象的外延包括阴阳之象、卦象、爻象（包括爻辞之象）等；而就整个体系来说，卦象为其中的主体。它是组成易体的基本单位，是蕴涵义理与变化的宝库，是彖辞和爻辞的源地。朱熹所说"卦即象也，爻即辞也"，虽有些粗疏，却是贴切的体会。他这一体会，大约是来自孔传，因为孔子谈到卦时，多数场合同象相联系，甚至以象指代之。下面列举例句，以见实况。

（一）卦始于观象、摹象

1、"古者包羲氏之王天下也，仰则观象于天，俯则观法于地，观鸟兽之文，与地之宜，近取诸身，远取诸物，于是始作八卦……。"（《系辞下》二章）

2、"……是故夫象，圣人有见天下之赜，而拟诸其形容，象其物宜，是故谓之象。"（《系辞上》八章）

（二）卦即是象

1、"《易》者象也，象也者像也。彖者材也；爻也者，效天下之动者也。"（《系辞下》三章）

2、"彖者言乎象者也。"（《系辞上》三章）

彖是"成卦之才，以统卦义者也。"（韩康伯注）就是说，它是揭示一卦主旨的文辞。它所言的象，自然是

227

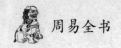

卦象，虽无卦字，但象为主体，以象括卦，卦在其中矣。

3、"八卦成列，象在其在矣。"（《系辞下》一章）

卦的序列，即是象的序列。象为卦之本质属性，象既括卦，亦在卦中，这种场合，可谓卦象一如，二位一体。

4、"观变于阴阳而立卦。"（《说卦传》一章）

这句话把卦表达得最清楚。从中可见，卦是通过阴阳的中介而建立起来的。韩康伯说得好："卦，象也；蓍，数也。卦则雷风相薄，山泽通气，拟象阴阳变化之体。"可见，孔子认为，卦是在观察阴阳变化的形象下树立起来的。换言之，阴阳变化成象，于是观象立卦。

（三）卦通过象而起作用

"八卦以象告，爻彖以情言。"（《系辞下》十二章）这是说，占筮时，卦以象回答问者。

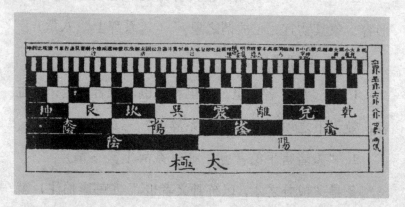

伏羲六十四卦次序图，出自宋·朱熹《周易本义》

（四）观卦先观象

"圣人设卦观象……，君子居则观其象而玩其辞，……。"（《系辞下》二章）

这些例子充分说明，在孔子心目中，虽然象的外延大于卦象，卦象之外还有爻象（"爻象动乎内，吉凶见乎外"）（《系辞下》一章），但卦象却是卦的实体，卦的本质特性。换言之，最能体现卦的本质的是它的象。所以，孔子谈爻，多与辞相联，谈卦则多与象相联，不为无因。韩康伯和朱熹都说过"卦即象也，爻即辞也"，可谓对孔传思想的正确理解。

卦象不是形式

可是，什么是卦象？卦象的本质是什么？这一点，人们的认识并不一致。笔者认为卦象是卦的灵魂，而有人则说它是"形式"。其言曰："卦画是反映事物形象，卦辞则论断事物的本质，二者构成了形式与内容，现象与本质的对立统一。"（《周易大传新注》）这种说法，表现出对卦象的本质认识不深，而卦象是象的主体，所以从根本上说也是对易象的本质认识不清。

卦画是形式与内涵的统一体

如前所述，《系辞》表明，伏羲画卦不是"画像"，而是仰观俯察，取身取物，经过深思而后画成，是高度抽象思维的产物，所以能"通神明之德，类万物之情，"使"天下之至赜存乎卦"。那时《易》只有八卦之象，而无卦辞。如卦象仅是形式，其内容存乎卦辞，那么末缀卦辞的八卦之象，如何通神明之德、类万物之情、存天下之至赜？孔子说的是"书不尽言，言不尽意，"故而"立象以尽意"。言辞不足以尽意，卦辞是言辞，当然不是以尽意，而象则能尽之。如若意象分离，象中无意，如何尽之？由此看来，《易》之象（包括阴阳二象、卦象、爻象等）不是事物的外部形象的空壳，而是蕴涵深厚内容的事物的内部形象。卦辞只是象中内容的语言形式而已。把《易》象看成黑格尔在《小逻辑》中所说的事物的外部形式，是未之深思的结果。其实，仔细察看，该书在另一处注释"《乾》《坤》，其《易》之蕴耶"时，已经把《易》象的实质说得一清二楚。其言曰："《乾》《坤》，非指《乾》《坤》二卦，而是指奇偶两画。因《乾》《坤》为纯阴纯阳之卦，归根结底不外奇偶两画，而六十四卦不外是乾坤的奇偶两画交错而成，所以奇偶两画有无穷的变化，它蕴藏着极其深奥的道理。"奇偶两画是《易》象的基础，卦是由奇偶两画交错组成。既然，奇偶两画蕴藏深奥的道理，那么，由它们所组成的卦象，何以只是形式？其内容何以全在卦辞？如此，该书对易象的观点，便形成自语相违了。这里顺便提出这一点谈谈，以加深对卦象的分析。

义理宝库的巨大功能

（一）　义理宝库

关于卦的内涵及其作用，孔子的看法是这样的：

1　"极天下这赜者，存乎卦。"（《系辞上》十二章）

赜字，有的解作深远（程颐《经说》），有的解作杂乱（朱熹《周易本义》）。说卦将世界深远的道理囊括在内，易解；说卦将世界杂乱的道理囊括在内，费解。显

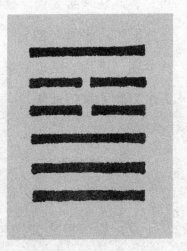

乾甲图，出自宋·朱震《汉上易传·卦图》

然，这句话应释为：把天下最深奥的道理储存起来的是卦。孔子把卦视为义理的宝库。

2　"圣人立象以尽意，设卦以尽情伪。"（《系辞上》十二章）

孔子认为由于"书不尽意，言不尽意"，故而立象以求尽达其意：《易》象之所以创立及其功能是这样的。设卦当然包括在立象的范围之内。是立象的主体。所以，设卦也是为了尽意。但不是尽一般的意，而是尽意之情伪。情伪二字，有解作阳阴的（《周易集解纂疏》引"虞下传注云：'情，阳；伪，阴也'"），但阴阳实不可尽，此注未必妥当。就系辞全文来看，也就是"极天下之赜者有乎卦"的另一种就法。故此，还是把情伪解作真实、虚伪，贴乎原意。意为，卦的作用是充分显示万事万物的真假虚实。

（二）　巨大功能

1　通德类情

"古者，包羲氏之天下也，仰则观象于天，俯则观法于地，观鸟兽之文，与地之宜，近取诸身，远取诸物，于是始作八卦，以通神明之德，以类万物之情"（《系辞下》二章）。这段话的末句"以类万物之情"，也可作为注脚，说明"设卦以尽情伪"的"情伪"，是指万物的情伪。

这段话既是讲了卦的起源和画卦的目的，同时也讲了卦的功能。其中所谓"通神明之德"的"神明"，《系辞》出现几次，都无超自然的人格神意味。它是指千变万化的宇宙的根本法则。德，是说法则的本性。通神明之德，就是说《易》卦可与宇宙大法的本性相通，具有所谓"通天"的功能。"类万物之情"的"类"，是归类之意，即能够分门别类地模拟万物的情态而无所遗漏。对此，李道平依据汉书"《易》本隐之以显"的观点解释说："'通神明之德'，达诸幽也，'类万物之情'，宣诸显也。"（《周易集解纂疏》）这样，他以"探赜索隐"来解释"通神明之德"，以"象其物宜"来解释"类万物之情"，和《系辞》另一处论述《易》的功能时所说"夫《易》，彰往而察来，而微显阐幽"，意义相通。前句和"通神明之德"相通，后句和"类万物之情"相通。虽是谈全易，但《易》的作用主体在于卦，主要是通过卦显示其功能，故而这两句话当然也适用于卦。李道平的观点符合《系辞》对卦的功能的阐述。

2　顺性命之理

"昔者圣人之作《易》也，将以顺性命之理。是以立天之道曰阴与阳，立地之道曰柔与刚，立人之道曰仁与义。兼三才而两之，故《易》六画而成卦。"（《说卦》二章）

这段话讲卦的内容。头一句是说，作《易》的原则是依照人性与天理的规律，由此而使卦的内涵具有天道的阴阳、地道的柔刚和人道的仁义，是谓三才。三才再加一倍，就成了六画的卦。

这短短的几句话把卦的深广内涵及其来源说得十分明白，可谓要言不繁。

3　小中见大

《系辞》讲《易》的功能时，还说过"其称名也小，其取类也大。"全《易》如此，卦亦如此，每卦都具有这样功能。对此，韩康伯注释表明，《易》卦之所以具有这样功能，原因在于"托象以明义"，"因小以喻大"。确实如此。每卦的内涵与外延，都不限于本身，都有多重涵义，多类取象。《乾》卦不仅在上为天，在地为龙为马，为金为玉，在人又为君，为父，为君子，等等。集天地人三才于一身，《乾》名虽小，取类甚广。

其他诸卦，亦莫不如此。

4　彰往知来

《系辞上》第十一章综论《易》道。其言曰："夫《易》何为者也，夫《易》开物成务，冒天下之道，如斯而已者也。是故圣人以通天下之志，以定天下之业，以断天下之疑。是故蓍之德圆而神，卦之德方以志，六爻之义易以贡。"

有些学者，如朱熹，认为这段文字仅是从数理筮法谈占筮，这是片面之辞。实际上它是通过谈占筮的形式综谈《易》的德性、内涵、特性与功能。对蓍、卦、爻的性能，作了简明的断定。"圆而神"是说蓍的计算"运而不穷"（韩注）神妙莫测；"方以知"是说卦的形象"止而有分"，（韩注）内含深智。而六爻的作用则是以爻辞

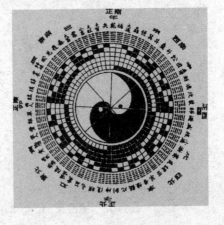

伏羲六十四卦时刻方位图，出自李仕微《叙说八卦太极图》。本图蕴涵了太极、阴阳、四象、八极、十二辰、二十四节气等道数机制

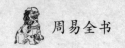

变动告知吉凶。从"方以知"中可看出，在孔子思想中，卦是一个稳定的储藏天下智慧的宝库。它与蓍、爻合作，使人可彰往知来，通志，定业，断疑。这便形成一个从已知到未知的占筮逻辑。卦是"已知"（知识宝库），蓍是开库之钥，爻则是知识的媒体。整个过程就是下文所说的"神以知来，知以藏往"。也就是说，卦为"彰往知来，微显阐幽"的利器。

孔子对卦的看法，大致如上。归纳起来，大意如下。

卦的本质是象（生于象，体即象，以象生用），深涵天下义理、知识和智慧，能通神明之德，类万物之情，尽物之情伪，为彰往察来、微显阐幽的基础。

卦者时也

孔子之后，史学史上对卦的特点与属性进行揭示的，不乏其人其文。但就其深度与广度来说，超过孔传的似乎没有。朱熹和程颐二位易学大师，应该说是易学史上的佼佼者，但朱氏所说"卦者象也"（《周易本义》）是袭用晋代人韩康伯的话（见上文），而韩氏的观点则来自孔传。程颐所说的"卦者阴阳之物也"

（《易序》），也是来自孔传的思想。在这一点上，二人的说法可谓因袭旧说，并无创见。并且，语言笼统，内容贫乏，其深刻性与全面性，远不及孔传。

孔子之后，王弼扫除象数，发挥义理，虽是以老解易，但多有创新。在《明卦适变通爻》一文中，他论述了卦的性质和卦与爻的关系等。文章伊始，他就给卦的性质作了一个界定。

"夫卦者，时也。爻者适时之变者也。"

以"夫卦者"，这种定义式的句型对卦的性质作出断定的，王弼之前似乎没有。孔子以这种口气谈过《易》、谈过爻，但未用这种口气直接谈过卦。

以"时"字来揭示卦的内涵，当然有失笼统，但在他之前，还没有人单以"时"之一字，概括卦的本质特征。或者，这可谓《易》学研究史上的新发明。

王氏认为，卦的特质是"时"，爻则表示"时"的变动。爻属于卦，卦之动必通过爻，这勿庸赘论。这里出现的问题是，（一）何谓"时"？（二）时字能否概括卦的本质特征和基本属性？为弄清这两个问题，有必要对"时"这一概念的内涵与外延试作探索。

在古文里，时字的原义是"四时"（《说文》），由

此而派生许多意义，是个多义词。什么时令、时节、时光、时候、时宜、时期、时务、时间等等。不一而足。除了一般生活与工作的用语以外，其中具有哲理意义的，则有时代、时势、时运、时机、时局、时会等好几个"时"。王弼所说的"时"，当然不是指一般用语，而占筮的常规语当中，又没有这个词，所以只有从哲理意义的圈子中去寻觅王弼所说的"时"。

有的易家认为，一个卦代表一个时代。如《周易全解》说："从整个六十四卦的宏观方面看，每一卦代表一个时代。由此一时代发展到彼一时代，当然也是动的；但是从一卦的微观方面看，代表一个时代的卦就是相对静止的了。而卦中各代表一个发展阶段看的六个爻则是反映趋时之变的。"这段话从大意上看，似乎和王弼所说的"夫卦者时也，爻者适时之变者也"，意思仿佛。但仔细推敲，又不尽相同。差异就在这个时字上。王弼所说的时，是不是指"时代"而言，值得研究。韩康伯的注解说："卦者统一时之大义"，把"时"解作"一时"。但一时又是个多义词，是一个时期、一个时节、一个时会、一个时运，还是一个时代？从字面上看，显然不是指一个时期或一个时节。但是否指一个时代？韩注未说清楚。不过，认为一卦可以代表一个时代的说法，并不罕见。例如清人朱骏声《六十四经解》的《易例发挥》中就有"《屯》作君，《蒙》作师，《需》以养民，《讼》以刑政，《师》武，《比》文，《小畜》富，《履》礼，而《泰》运成矣。"这样的话，是把易经前十卦看做一连串发展的十个时代，把卦名视为这十个时代的特征。杭辛斋《学易笔谈》二集卷四中载有《卦象进化之序》一文，将《乾》、《坤》、《屯》、《蒙》、《需》、《讼》、《师》、《比》、《小》、《畜》、《履》、《泰》、《否》、《同人》、《大有》、《谦》、《豫》、《随》，定为十六期，即十六个时代（其中《乾》《坤》为开天辟地时代，合为一期）。他说：《乾》《坤》以后至《随》，世界进化之序，约分为十六期。"杭氏所说的期，并非短暂的时期，而是长久的时代。如他说《师》卦为"民众立法之时代也，是为第六期。"说《否》卦为"天地不交，万物不通时代，是为第十一期"，等等除《乾》《坤》外，他卦皆以一卦为一时代。

但是，把卦的"时"单解作时代，似乎于义未安。这里存在二个问题。第一，时代的概念时间攸久，年代、时期等均包括在内。《易》卦的内容有的长及一个

时代，如《屯》为原始时代，《蒙》为蒙昧时代等，但多数只够一个年代或时期。如《师》，可以说是战争年代，《革》，可以称之为革命年代，《明夷》可谓黑暗年代等。如把它改称时代，就有大而无当的空泛之感。第二《易》卦之"时"，不仅指某种时间，往往是指某种情况。如《咸》卦的卦辞是"亨利贞，取女吉。"孔子释之为"咸，感也，柔上而刚下，二气感应以相与。"这种卦象卦义，只能解为某种阴阳相感的情况，而无法引申为某种时代。《恒》卦也如此。象辞曰"《恒》者久也"，基本卦义是"夫妇之道不可以不久也，故受之以《恒》"（《序卦》）。这种卦义也无法推衍为长久的时代。他如《损》、《益》、《家人》、《归妹》等卦，都是指某种情况而言，甚至与时代无关。用时期、年代等，也不合适，因为这些卦的卦情，不宜以时间来表述。

其他与时字有关的义理概念：时势、时宜、时运、时局、时会等，哪一个能恰当地用来解释王弼所说的"卦者时也"的"时"呢？具体观察，有的卦时，宜以时势表达，如《坎》卦之险，可说成"时势险恶"，《鼎》卦之定，可说是"时势安定"等。但多数卦时，不含此义。如《既济》卦时是表示事物之完成，《未济》

卦时表示事物之未完成，以时势概之，都不合适。时宜是当时的需要之义，也仅适用于个别卦，如《需》卦表示云在天上，阴阳尚未融合，不能成雨；暂待一时，饮食安乐才合乎形势需要。这种情况，可以"时宜"名之。但其他很多卦之时，却非时宜之义。如《讼》卦之义为非讼。任何时代，讼都全不合时宜，为之者只限于不得已罢了。时运一词，语义范围也较窄，仅指运气而言，如项羽所唱的"时不利兮逝骓不逝"的时，就是此意。《易》卦之中的《遁》卦，是小人逐渐得势的形势，对君子来说，是时运不济之时，应该退遁。象辞所说："与时行也"，即是顺乎时运而行动之意。但《易》中适合时运之义的卦才，毕竟有限，对统一解释全《易》诸卦之"时"，也不中用。时机一词适用于卦时的范围更小，《艮》卦象辞之"时止则止，时行则行，动静不失其时"的时，即指时机而言。但这不是《艮》的本义，《艮》的本义是止，时机乃是派生义。时机之义在爻辞中倒有明显的表现，如《乾》卦初爻"潜龙勿用"和二爻"见龙在田"，都表现时机的重要性。接下来，时务的概念，通常指客观形势的需要，所谓"识时务者为俊杰"之时务，即是此义。《易》卦中合乎此义的卦时亦甚少。《随》

卦则有此义。随"时"而动，是其主旨。亦即通达时务，不泥于常规。但卦才本义在随，时务为副义。以时务解《随》之时，亦不贴近。而其他多数卦时则并无时务之义。至于时势，多指政局，虽《泰》、《否》等卦时有此义，而其他许多卦如《颐》、《家人》、《夬》、《渐》、《旅》等等，都与政局风马牛不相及。故而王弼所谓卦之时，也绝不限于时局。还有时会一词，义亦接近时运、时务、时势，也不能概括六十四卦的卦义。如此说来，所谓"卦者时也"之"时"，怎样理解才合乎原义呢？真令人伤脑筋！

　　为弄清这一问题，首先必须了解"时"在《易》中的含义。"时"是周易的重要概念，它和《易》为变易之基本意义，密切相关。虽然作为词来说，只在《归妹》卦九四爻中出现一次，但经孔子从《易》蕴中加以开发、阐释和运用，对发扬周易基本精神，作用很大。《系辞》说："变通者趋时者也"，意思是卦之爻刚柔变通，目的在于趋"时"，即追求一个恰好反映物情的形势。最合理的时，就是所谓"时中"，时是适时，中是恰当，不偏不倚的适合形势谓之"时中"。在占筮来说，是否适中，最后表现为吉凶悔吝之类的占断。《蒙》卦象辞所谓"以亨行，时中也"，就是说，为什么亨通而行（行而亨通）呢，因为行动恰合其时，该行则行，该止则止，合乎客观形势，所以如此。这样，"时"的概念就不是字面意义的"时候""时间"之类，而是包括时势、时运、时局、时会、时宜等诸多意义在内的一种特定情况。它不仅指时间，也指空间，不仅指时间与空间，还指条件、关系。它是时间、空间、条件、关系的综合体。换言之，亦即一定的时间、一定的空间、一定的条件和一定的关系综合起来所构成的一种特定的形势、局势、时运、时会、境况和情况。孔传所说的"时"大体是这个意思，王弼所说的"时"，大约来自孔传，也不外乎这个意思。但《易》所蕴涵的"时"，不仅仅指主客观情境，同时也谕示处境之道。故而孔子和王弼所说的"时"，自然包括"境"与"计"两个方面。如果是这个意义的"时"，便可适用于易经六十四卦的任何一卦。这个"时"字是古语，简约多义而过于笼统，最好以另一具体概念代之，以使其内容明显化。但换成今语，却找不到恰当的词，只好"无以名之，强字之曰""情境"。"情境"一词较之"时"字，在表达内容上比较具体、明显。

如此，则六十四卦的任何一卦，都可以说是表现了

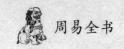

某种"情境",或者说,都是现实的某种"情境"的概括反映。《乾》的情境是健道,《坤》的情境是顺道,《屯》的情境是始难,《蒙》的情境是蒙昧,《需》的情境是需要,《讼》的情境是争讼,《师》的情境是战争……《咸》的情境是感应,《恒》的情境是长久,《遁》的情境是隐退,《大壮》的情境是壮大……《既济》的情境是已成,《未济》的情境是未成,如此则将时义贯通于整个《易》体而毫无滞碍。由此观之,王弼以"时"字明卦,应该说是前无古人的创见,也是汲取孔传精神而作出的发展,其恰当性与概括性无可置疑。

现代辩证法强调办一切事都要以时间、地点和条件为转移。有如上述,这个观点并不新颖,上古周易中所谓的"时",即是此意。所差的只是后代人未从哲学上具体地加以发扬光大而已。

但《易》卦的内涵是多重性的,从它所反映的主客观事物的情况来说,可谓之时或情境。而另个方面,从它所构成的思想层面来讲,它也是一种思想范畴,六十四卦可谓六十四个范畴。当然,爻辞也形成范畴。如《乾》卦的潜、现、乾乾、跃、飞、亢,就其性质、内涵及领域来看,都可构成范畴。但爻的范畴存在,并不防碍卦之为范畴。有的学者说："周易的六十四卦，与三百八十四爻辞，连同……用九、用六，合计四百五十条卦爻辞，相当于四百五十个范畴系统，可谓人类至今最大的思维范畴系统。"（朱高正《周易与中国文化》）的确如此，周易可谓当之而无愧！

但是，放眼看看，有些关于《易》卦之为何物的判断，同孔子的《系辞》和王弼的《明卦》比较起来，却颇有逊色。朱熹的"卦者象也"是孔子的思想和重复韩康伯的注释，程颐的"卦者阴阳之物"，也重复孔传的思想，并且内容简略，语焉不详。有的易书说："卦是《周易》经的组成部分之一，易书用以表现天地万物之性质与变化的符号。"（《周易辞典》）有的《易》书说八卦是"喻示种种物情、事理的象征符号。"（《周易译著》）这样一些关于卦的断定，同上述孔、王关于卦的论述与断定比较起来，不仅内容贫乏，未将《易》卦的本质规定性全部表出，而且所谓"符号"的说法，也与《易》象的特殊本质相游离，并不妥当。这是符号论的观点，把反映宇宙万事万物本质的阴阳之象，以及由此而组成的仿拟事物之象，看成空洞的符号，看成类似代数符号'x''y''z'之类的空壳，可以装进任何思想。或者看成类似计算机的数字符号那样，可以标记任何思想。表面上看，《易》象类似符号，实质绝非符号，前边说过，《易》象是事物的形象与性质的反映，是形式与内容的综合体，是思想的内部形式，是与思想具有联系的特殊形式。而符号则是事物的外部形式，是可以脱离内容的形式。符号只是一种记号，它和它所标记的事物没有内在联系，不是该事物的反映。符号的内容只是符号本身。《易》象不是无内容的空洞形式，无须赘述。《易》象既然如此，则《易》象中之卦象当然也如此。在历史上汉《易》的象数派，有的从占筮的角度，把《易》的卦象随意摆弄、调动，如同玩弄符号一样，使《易》陷入形式化的泥淖而几乎丧失其义理内容，变成类似计算机占卜的符号游戏。这是周易外部形式的发展，是周易发展的一条斜路。*

---

　*　温振宇《新易学》"自序"中说："细心考察周易使我们认识到：这是一种古代东方素朴的辩证系统二极二值符号逻辑。"把内蕴天人之道的易象，视为与自身同一空洞的符号，把义理与象数相结合的作为辩证逻辑的周易，视为经符号进行推理演算的作为数学一个分科的数理逻辑，实属牵强。

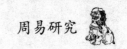

卦者情境也

总的说来，关于何者为卦——卦的

本质属性是什么的问题，上述孔子的论述加上王弼的说法，合起来看，应该说已具有圆满正确的答案的内容。我们的任务是以现代的哲学思想加以分析，并以现代语言进行阐释，使它得以严密、具体的面貌出现，以发扬其学术光辉。

如上所述，则六十四卦任何一卦的"时"，都可以说是一种情境。情境还有不同的类别：如《乾》为天健之德与处健之道的情境，《坤》为地顺之德与处顺之道的情境，《泰》为大通的局势及处之之道的情境，《否》为闭塞局势与处之之道的情境，等等，这是客观的情境。

也有主观的情境，如《谦》为谦德与处谦之道的情境，《中孚》为诚信之德及保持诚信之道的情境，而最多的卦时，是表示某种行为的情境。如《同人》表示求同与团结之道的情境，《讼》表示争讼现象及处讼之道的情境。他如《需》、《随》、《噬嗑》、《咸》、《恒》、《渐》、《归妹》等等，都是表示某种行为与行为原则的

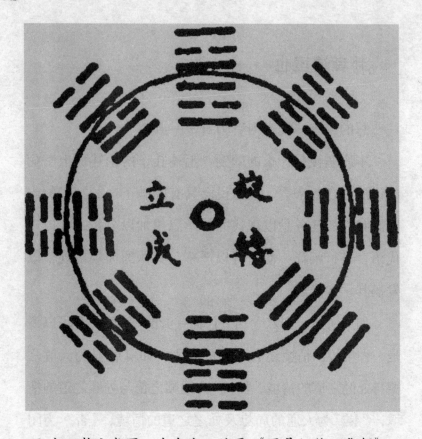

六十四卦立成图，出自宋·林栗《周易经传·集解》

情境。总之，易经的卦是从主客观现象以及行为现象中
截取一个横断面，通过卦爻象及卦辞爻辞，对其意义及
处理原则作出表述，从而构成一个特定的情境，以引导
人们趋吉避凶，祛邪向善。因此，本文认为以"情境"
的概念来代替"时"的概念，对揭示卦的本质特性来
说，可能是进了一步。

但是，上面说过，易经是一个以阴阳八卦为基础而展开的，由六十四卦、三百八十四爻所组成的，囊括天地人三道的，巨大的图象思想体系。从这个角度来说，前述孔子对卦德的阐述和论断，王弼所补充的"时"以及本文阐发"时"所用的"情境"等概念，对认识一个思想体系的内涵来说，还有所不足。应该补充说，卦是情境，也是范畴，例如泰卦是通达太平的局势，加上处《泰》之道，谓之情境。而从《泰》是一种上下畅通的思想领域来说，它同时也是同《否》塞相反的"泰"的范畴。故此，易经六十四卦既是六十四个情境，也是六十四个范畴。这样看，比较全面。

第六篇　何谓"天地之心"

周易体系，分散言之为六十四卦。而自序列关系言之，则为三十二对卦。上经始自《乾》《坤》，止于《坎》《离》。下经始自《咸》《恒》，终于《既济》《未济》。其中上经第三十三卦《剥》，与第三十四卦《复》，为一相反相成的伙伴。所谓"天地之心"，乃是《复》卦象辞中的一句，但此句的内容缘于《剥》卦，所以探讨它，想知其究竟，必须从《剥》卦谈起，同时，谈《剥》卦又必须从阴阳关系入手。

剥为阳气图，

出自宋·佚名《周易图》

群阴剥阳

"《易》以道阴阳"（《庄子·天下篇》）——这是上古以来易家的共识。阴阳乃易经的核心，整个易经，无非是阴阳互变形成的思想体系。总体说来，阴与阳是对立统一，相反相成，互相消长，又互为其根的辩证关系。阳决阴，阳长阴消，直至五阳一阴，阳气最盛，是为《夬》卦。阴剥阳，阴长阳消，直至五阴一阳，阴气最凶，是为《剥》卦。两卦内涵相反，爻象旁通。

剥字从刀从录，有割裂、零落等意，合起来可训为割而落之。在《剥》卦里，阴气侵阳，由初爻而上达五爻，阳气凋零，如被阴气所剥落，故谓之《剥》，卦象为群阴剥阳。以人事喻，则为小人邪气凶盛，君子受挤受害，正气偃伏。达到顶点时，只剩下一阳，孤零零处于上位。爻辞喻之为"硕果不食"。阳为大，阴为小，故称一阳为硕果。亦即余下一阳如硕大果实，独悬于上，尚未为阴所剥落。这是阳的最后阵地，据此对阴邪发动反攻。成语所谓"硕果仅存"，就是来自《剥》卦。

在《剥》卦里，阳虽处下风，被剥落到仅余硕果，但阴阳同根，阳不会消尽，依据物极必反的规律，仅存的硕果会迸发生机而东山再起。由被剥而复生，此即序卦所说"《剥》者剥也。物不可以终尽，《剥》，穷上反下，故受之以《复》。"由《剥》而《复》，《剥》《复》相继，紧密相伴。《复》卦的复，是反还之意。孙星衍《周易集解》引何妥曰："复者返本之名。"就是说："群阴剥阳，至于几尽；一阳来下，故称反复。"在

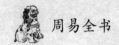

《剥》卦里，独悬于上位的硕果，至此又返回到初位，象辞所说的"刚反"（阳刚反），即指此而言。于是阳由消变长，重新开始利有攸往的征程。这就是复卦的来由及卦名的大意。

一阳来复

如此，所谓《复》，是指一阳的来复。《剥》《复》两卦的卦象，鲜明地表现出阴阳爻相反的地位。在《剥》卦里是一阳在上，五阴在下；在《复》卦里是一阳居下，五阴居上。按《易》例，无论阴气阳气，皆由下上长，上被下消。阴由初上长剥阳，经二、三、四、五，步步紧剥，以致上阳仅余一果。而阳不能尽，复返初位后，势必沛然上长，以消阴气。故此，仅从卦象也可看出，《复》卦的涵义是阳气衰而复兴。

凡事复兴，都需从根本作起。一阳从上返下，必复归于初。初，乃卦体之最底层。按天地人三层分析，初属于地之下层。王弼说得好："复者返本之谓也。"所谓本，即指卦的最底层的初位而言。在这个意义上，阳之复可谓之复初。

《复》卦的难题就出在这个复初的"初"字上。在《复》卦中初位接纳一阳来复，使它得以重整旗鼓，东山再起。作为载体，初是个根本的关键之位。这里，困难在于不能把初位所载，简单地视为来复之一阳，在一阳复初的深处，秘涵着玄妙的

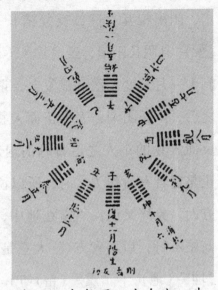

复七日来复图，出自宋·朱震《汉上易传·卦图》

奥义，如果作不到正确把握其奥义，就不会对象传所说的"《复》，其见天地之心乎"，作到透彻的理解。

从形象来看，《复》卦是一阳载五阴，五阴乘一阳。上卦为《坤》地，下卦为《震》雷，与剥卦相反，一阳来复之象，极其显著，不待解而自明。其卦辞为："复，亨，出入无疾，朋来无咎。反复其道，七日来复。利有攸往。"大意为：《复》卦象征剥极阳复，阳复势强，其运亨通。阳反于下，逐渐上长，其出入皆无妨害。必将引来同类群阳（朋）相助，并无差错。这表现

出，阴阳相互之间，反复消长，乃自然之道。自五月《姤》卦阴长阳消，经《遁》《否》《观》《剥》《坤》，到十一月凡变七次而成复卦，谓之"七日来复"。来复之后，阳长阴消，表示正面人物的君子之道日渐伸展，反面人物的小人之道日趋消退，即所谓"刚长柔退"，正是贤者有所作为之时，所以说"利有所往"。但另一方面，象辞又说："雷在地中，复。先王以至日关闭，商旅不行，后不省方。"大意是说，《复》卦卦体是上《坤》（地）下《震》（雷）哯，象征十一月冬至一阳复生，潜力虽大，而外势尚微，尤如雷尚潜伏地中，未能破土奋起与外阴相搏，震动四方。此际需养精蓄锐，以待来日。古代圣王体察卦象之情，乃在冬至这一天闭关静养。游商旅客不外出，君主也不巡视四方。前面卦辞说"一阳来复，利有攸往"，后面象辞又说"至日关闭，不利有攸往"，看似矛盾，其实并无矛盾。因为"利有攸往"是指将来的前途，"不利有攸往"是指当前的处境。

以上所述，是《复》卦卦体、卦象、卦辞的状态，意义以及孔子对它的认识与体会。这些内容，大体上并不难理解（虽然有的地方说法不一）。但这些内容只是

《复》卦内涵的表层，其深层尚未触及。第一个触及
《复》卦内涵的深层并揭示其奥义的不是别人，仍然是
为周易作传的孔子。面对复卦，除照例解释卦象卦辞并
从中吸取经验教训外，孔子还特别作了一件大事，那就
是他以超群出众的观察能力与思维能力，升堂入室，抓
住《复》卦的中心奥秘，结合自己的哲学思想，创造性
地加以升华，从而提出了一个激动人心的问题。即：
"《复》，其见天地之心乎！"句中的"见"，以读"现"
为好。意思是：《复》，是天地之心的表现吧。

这个论断，是易学史上一个著名的命题。自古以
来，易学家们多次对它进行探讨，但对其含义及其所
指，见解不一。

生动是天地之心

一般来说，儒道两家虽都崇拜周易，重视《复》
道，但在这个问题上，基本观点不同。笼统地说，儒家
认为天地之心为"生"为"动"，道家则认为天地之心
为"无"为"静"。下面，先看儒家的学说。

首先，汉代大儒、易学家荀爽的说法是这样的：
"《复》者，冬至之卦。阳起初九，为天地心；万物所
始，吉凶之先。故曰见天地之心矣"。（孙星衍《周易
集解》）

大意是说，《复》卦在节气上是象征冬至的卦。在
这卦里，阳气复返，从初爻开始兴起，这就是天地之
心。万物借以开端，尚未涉及得失，还在吉凶之前。在
这段话里，荀氏虽未明说天地之心为"生"，但"万物
所始"云云，已含有生意。阳起当然为阳动，总体是动
而生之意。这是依据孔子《文言》所说"大哉《乾》
（阳）元，万物资始"之意来解释孔子在《复》卦中提
出的"天地之心"。同时，所谓"吉凶之先"云者，也
是以孔解孔。孔子在《系辞》中曾说："几者动之微，
吉之先见者也。"以几字形容万物始生，微有动意，而
未遇吉凶的时机。荀氏的"吉凶之先"，显然是吸取孔
子"几"的思想，用以解释孔子的"天地之心"。不愧
为儒家的经学大师，他对天地之心的这一解释，虽不那
么具体，但在儒家易学史上是有开创性的，对后代易学
有很大影响。由荀氏这段话还可看出，宋代易学大师程
颐所说"先儒皆以静为见天地之心"的论断，未免以偏

概全。一阳复起的动之端、吉之先即天地之心的观点，早在汉末即由荀爽言之在前了。

但把"天地之心"释为"生""动"的代表性人物却是程颐。他诠释说："一阳复于下，乃天地生物之心也。先儒皆以静为见天地之心，盖不知动之端乃天地之心也，非知道者熟能识之！"（《易传》）又答弟子问："人说'《复》，其见天地之心'，皆以谓至静能见天地之心，非也。《复》之卦，下面一画，便是动也，安得谓之静？自古儒者皆言静见天地之心，唯某言动而见天地之心。"（《二程集》）

程颐的观点与荀爽完全相同。荀说阳起初九为天地心，万物所始。程说阳复于下乃天地生物之心。荀说吉凶之先，程说动之端，基本思想并无出入，只是表达方式略有粗糙之分而已。荀未明说生与动，表达模糊，程则直说生与动，表达明确，较荀说略胜一筹。

欧阳修虽是文学家，但对周易也颇有研究。在《易童子问》中，他说："天地之心，见乎动。复也，一阳初动于下矣，天地以生物为心者也。"他说得更明白、具体：天地之心是生，生以阳动为本。唯有动，才能现出天地之心。荀的阳起初九，程的动之端，欧阳的阳动

257

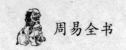

于下，是一个思想的三种表达，实质上没有差异。朱熹的说法是"天地以生物为心者也。"（《朱子大全》文六七《仁说》）与欧阳、程颐类似，不必赘述。宋代哲人中，张载也是主张天地之心为生物者，不同的是他作了深入的解释与发挥。他说：

"《剥》之与《复》，不可容線，须臾不复，则《乾》《坤》之道息也。故适尽即生，更无先后之次也。此义最大。"

意思是说，阴阳消长，此起彼伏，循环往复，密切无间，剥尽阳复，永无间歇。倘一刻阳消不复，则天地之运行即将停止，这一点，意义最大。这是把《复》的必然性提高到宇宙存在的高度加以观察而作出的价值判断。接着步入本题，他说："大抵言天地之心者，天地之大德曰生，则以生物为本者，乃天地之心也。"他以孔子在《系辞》中所说的"天地之大德曰生"作为天地之心的注脚，以孔解孔（当然也是解《易》），顺理成章，自然立说。接下去，他又以雷在地中的《复》象作深入论述："地雷见天地之心者，天地之心惟是生物，天地之大德曰生也。雷复于地中却是生物。象曰：'终则有始，天行也。'天何尝有息？"（以上《横渠易说》）

这段话的主要意思是说，既然天地之心是生物，则雷复于地中正是生出之物，故而《复》即是生，生生不已即是天地之心。

张载的基本观点与其他儒家学者没有什么两样。但内容的论述，围绕生与动二字，已相当展开。

明人来之德的诠释虽仍承儒家旧说，但却有些新意。来说内容包括四点：（一）"天地无心，生之不息者，乃其心也。"这句话概念含糊，大意可译为：天地无意识，所谓天地之心是指其生生不息的本质而言。（二）"剥落之时，天地之心几乎灭矣，今一阳来复，可见天地生物之心，无一息之间断也。"这和张载"适尽即生"的观点相同。（三）"此孔子象传（指'复，其见天地之心乎！'）言天地间无物可见天地之心，惟此一阳初复，万物未生，见天地之心。若是三阳发生，万物之后，则天地之心尽散在万物，不能见矣"（《易经集注》）。这是说，惟此《复》卦之一阳初复能现出天地欲生未生之心，阳长后则不能见。对此，也有不同见解。俞琰《易辑说》谓："天地之心，谓天地生物之心也。天地生物之心，无乎不在，圣人于《剥》反为《复》，静极动初，见天地之心，未尝一日息，非谓惟

《复》卦见天地之心。"但俞氏此说，有与周易游离之嫌。因为周易六十四卦除《复》卦外，无他处可见一阳来复的天地之心如此显著者。来氏之说甚是。（四）"天地之心，动后方见。"这是讲生与动的本质联系，生为动之本，动为生之现。

以上是儒家学者对天地之心的代表性解说。这一以生、动为核心的学说，言之成理，持之有故，自然无碍于成立。但其中还存在一些问题，主要是概念含糊以及概念间关系不清，需要进一步探讨解决。

首先，天地之心的心是什么，是具体概念、还是比喻？来之德所说"天地无心，生之不息者乃其心也"，作为理性判断，显然含有自语相悖的逻辑错误，心为何物，并未说明。"生生不息"云者，是愿望、是能力？是谁的愿望，谁的能力？如认为是天地的愿望或能力，则天地之心应解为天地的愿望或能力。但来氏及上举诸家于此点俱未说清。

上举诸家之说，皆以一阳初复为天地之心，意思也含混不明。阳何以能复？是自力抑是他力？如承认有天地之心，并且天地之心为生，则阳复当为生的表现，而非生的自身。所谓天地为"动之端""天地之心动后方见", 都是讲天地之心表现为动, 而非动即天地之心。其次, 如以孔子《系辞》所谓"天地之大德曰生"来证明天地之心为生, 则反过来也可以天地之心为生来证明天地之大德曰生, 循环证明, 终不能说明天地之心为何物。其实, 孔子象辞中的原话"《复》, 其见天地之心乎", 意思是说, 阳复 (生) 表现出天地之心, 或者是说, 从阳复 (生) 中看得出天地之心。换句话说, 孔子的体会是, 剥尽阳复之象, 透露出天地之心, 是天地之心促使阳在几乎剥尽之后得以再生。生是天地之心的表现, 而非天地之心其物。由此可见, 儒家以生、动为答案来解释天地之心, 尚有商讨的余地。

天地之心为无与静

关于天地之心, 道家的说法和儒家站在对立面。其代表人物为王弼。他在周易注里说: "《复》者, 返本之谓也。天地以本为心者也。"儒家认为, "《复》是阳气复生于下" (程颐《易传》复卦卦辞注), 而王弼以老释《易》, 提出复是返本, 天地则以本为心。阳复于本, 即复于天地之心。那么, 什么是天地之本, 即天地

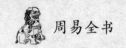

之心呢？他接着阐述说："凡动息由静，静非对动者也。语息由默，默非对语者也。然则天地虽大，富有万物，雷动风行，运化万变，寂然至无，是其本矣。故动息地中，乃天地之心见也。若其以有为心，则异类未获具存矣。"

在这段话里，王弼首先以动静语默为例，强调静与默的独立性，其次讲千变万化的事物最终必归于寂无、静止。提出"无"为天地之本。最后指出《复》卦的雷息于地中，就是象征阳气之返于本，亦即表现出以无为本的天地之心。接着，在象辞注解中他又进一步补充说："冬至（当为夏至之误）阴之复也，夏至（当为冬至之误）阳之复也。故为复则至于寂然大静……动复则静，行复则止，事复则无事也。"总之，王氏是以无、静二字来解释天地之心，并称天地之心就是天地之本。

王氏之说，源于道家。在《道德经》中老子说："天下万物生于有，有生于无。"（四十章），表明"无"为天下之本。又说："致虚极，守静笃，万物并作，吾以观复。""夫物芸芸，各复归其根，归根曰静，是曰复命，复命曰常，知常曰明。"（十六章）

表示万物皆归根于静。上述王弼以无、静来解释天地之心的思想，和老子这些观点如出一辙，是以老解《易》的明显表现。

王氏以无为本、以静为根的学说，恰与儒家以生为本、以动为用的学说形成对立之势，当然为儒家学者所不容。程颐在《易传》中驳斥说："一阳复于下，乃天地生物之心也。先儒皆以静为见天地之心，盖不知动之端乃天地之心也。"一面驳斥，一面又讽刺说："非知道者，孰能识之！"话中的所谓"先儒"是指谁说的呢？对此，《读易会通》的回答是："案程子谓先儒言静见天地之心，即指王辅嗣（王弼之字）而言。"后面又引苏子美的话："《复》，其见天地之心乎，王弼解云：'复者返本之谓，天地以本为心，寂然至无则其本也。故动息地中，乃天地之心见矣'。予惑焉！夫《复》也者，以一阳始生而得名也。象曰：'刚反'，又曰：'刚长'，安得谓寂然至无耶？安得谓动息耶？象曰：'雷在地中，复，雷者阳物也，动物也。今在地中，则是有阳动之象也。辅嗣昧举卦之体，乃以寂然至无为《复》，斯失之矣。"苏子美依据《复》卦卦象卦体对王弼无静说所作的批驳，可谓理由充足，观点正确。根据这一批

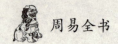

驳，不仅可看出以无与静解释天地之心的错误，更可看出以老解《易》之不可行，因为以老解《易》，免不了陷入以老解孔的泥淖。所谓天地之心是孔子对周易的体会，想要正确把握它的含义，仍须从孔子思想中找答案，舍此并无他途。

动静结合始见天地之心

同是儒家，同认为天地之心为生、为动，其中关于动与静，却有些歧议。荀爽之"阴起初九，为天地心"，只有动意，不含静意。程颐之"动而见天地之心"，来之德之"天地之心，动后方见"等，皆强调动而不及静。唯有张载言动又言静。他说："天地之心唯是生物……。此动是静中之动，静中之动，动而不穷。"（《横渠易说》）大意是：天地之心在静中，而其生物之端则为动，动静结合，始可动而无尽。这样从动静结合中看天地生物之心，就看得更为深入，更为明白。在这一点上，陈梦雷曾对程颐的唯动说提出了异议。他说："程传以动为天地之心，然阴阳分动静善恶，不可太拘。盖天地之气，纯阴寂静之中未尝无阳，然必一阳之动，而后生物可见。"（《周易浅述》）说的很对，确实，阴阳为对立统一体，动为阳，静为阴，动静亦为对立统一体，互有消长，却不能分离。程颐当然并非不谙此理，只是思考问题略有疏漏而已。《程子语类》载，程颐在回答季明之问，强调动而见天地之心后，有人提出了动静关系问题："莫是动上求静否？"对此，程颐并未反驳，而加以肯定，说："固是，然最难。释氏多言'定'，圣人便言'止'。"这一问答虽然犯了暗换论题之病：从天地之心的动静转移到修心的动静上来，但程颐毕竟肯定了动静一如的辩证关系，他也曾说过"孤阳不生，孤阴不长"，可见他并非不懂个中的道理。

动静关系是理解天地之心的必要条件。

儒家的天地之心为生的观点中，还含有个善恶问题。简言之，亦即剥尽阳复，代表君子之道，既消而复，在人则为"恶极而善，本心不息，而复见之端也。"（朱熹《周易本义》）"一阳之复，在人心则恻隐、羞恶、辞让、是非、性善之端也。"（来之德《易经集注》）意思是，一阳来复，在天地来说，则见生物之心，

265

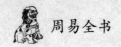

生物之心是为善心。故而在人来说，则为善心之动，善心之端，即见出天地之心。这一点，对认识易经内在的天人合一之义和儒家的天地之心说，也是一个必要条件。

人者天地之心也

儒家学者当中，除了以生生之说诠释天地之心以外，也有其他异军突起之说。明末清初的大思想家王夫之，便是如此。在《周易外传》中论《复》卦时，他提出了"人者天地之心"的命题。理由是："故夫《乾》之六阳，《乾》《坤》始交而得《复》，人之位也。"这是依据《说卦》或苏轼卦变说所作的分析。其说认为，八卦乃至六十四卦都成自《乾》《坤》之交。《乾》父《坤》母，相交而得三子《震》《坎》《艮》和三女《巽》《离》《兑》，形成八卦，推演成六十四卦。《乾》《坤》始交所得长子，为《震》卦，人由此生，故为人位。王氏之说的核心就在于此。接着他论述说："天地之生，以人为始。故其吊灵而聚美，首物以克家，明聪睿哲，流动以入物之藏，而显天地之妙用，人实任之。人者，天地之心也。故曰：'《复》，其见天地之心乎！'。"此段话中的"以人为始"之始字，不训初，而训本《荀子·王制》所谓"天地者生之始也"之始，即本之义。意为"天地之生，以人为本"，人是天地生物中的根本。聪明贤慧，如万物之灵，显示天地造化之神妙。人可谓天地之心灵。故而孔子说："复，其见天地之心乎！"

王夫之的"天地人"观点，有其思想史的传统。无论儒家道家，都讲天地人，都强调天地之中人的伟大。《老子》二十五章说："……天大地大王亦大"，王弼注曰："天地之性，人为贵，而王是人之主也……故曰王亦大也。"孔子在《系辞》中说："《易》之为书也，广大悉备，有天道焉，有人道焉，有地道焉。"把周易内涵分为天地人三大部分，将人与天地并列，极为重视。特别是《礼记·礼运篇》以"天地人"的关系为礼的理论根据。王夫之对《复》卦天地之心的见解，就是来源于此。《礼运篇》对天地人的关系及人的本性作了深入的阐述。在讲完"君主治国必知情、通义、明利、达患"，必知"人心之大端"为"大欲""大恶"而"制

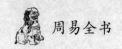

之以礼"以后，对人的本质作出了判断，其言曰："故人者，其天地之德，阴阳之交，鬼神之会，五行之秀气也。"它把万物之中独具情、义、欲、恶的人，赞为天地的美德、阴阳的交融、玄妙之机的会合以及由金木水火土五行的灵气等几种优秀物质凝集而成。最后，作为结论，它说："故人者，天地之心也。"这是把人视为天地灵气的结晶，灵气的结晶即天地之心。王夫之大约从《礼记》礼运篇这一观点中得到启发，把它与周易《复》卦结合起来，从而得出《复》卦象辞所谓天地之心即指人而言的结论。

依据这一观点，王氏对《复》卦象义作了分析。他说："《复》者，阳一而阴五之卦也。阳一故微，阴五故危。一阳居内而为性，在性而具天则，而性为'礼'；五阴居外而为形，由形以交物状，而形为'己'。"如此，对《复》卦的结构从阴阳、内外两面进行探讨。意思是阳少阴多，阳内（卦）阴外（卦），阳为性、为礼，阴为形、为己（私）。他从周易扶阳抑阴的儒家思想出发，认为《复》卦之一阳代表天地（《乾》《坤》）相交所生的人性。人性禀赋"天则"（先天的法则），是为善。五阴代表天地相交所生的形体，形体为物欲所累，是为己（私）。人者天地之心，当然是指一阳所代表的善性。这种观点显然和孔子《系辞》中所谓"一阴一阳之谓道，继之者善也，成之者性也"的思想是一脉相承的。孔子认为，阴阳互变，生生不已，便是善。《乾》元之元，就是善之长。生生不已是为仁，生而有则是为礼，有则而循行不紊，是为义。善实包括仁、礼、义在内，人生之初具有的性便是善性。王夫之认为孔子所说的"《复》，其见天地之心乎"之心，便是指天地阴阳之气交融而凝结成的善性。简言之，天地之心就是人之本性。王夫之最后总结说："自然者天地，主持者人。人为天地之主，主必以心，故曰人者天地之心。"（以上均引自《周易外传》）

王夫之的学说是将周易、易传和礼记的思想融在一起而形成的。但礼记所说的人者天地之心，是从伦理意义出发把礼的规范性提高到天性的高度，和《易》传所说的剥尽阳复而现天地之心的哲理意义，有所不同。混而言之，殊觉不甚融洽，不太自然。

天地之心是阴阳消长的规律

伴随时代的发展，关于《复》见天地之心问题，又出现上述学说以外的新解。当代易学家金景芳的见解就是其中之一。在《周易全解》复卦部分中，金先生在总览旧说的基础上提出了自己的看法。他说："《复》卦《象传》说'复其见天地之心乎'，这个'天地之心'极难理解。什么是'天地之心'呢？古人说法不一。有的说静是'天地之心'，有的说动是'天地之心'，有的则强调'天地之心'是天地生物之心亦即生生不已之心。所说的都有一定的道理，却都未说到中肯处。所谓'天地之心'就是天地之间万事万物中刚柔相摩，阴

天地设位图，出自元·
张理《易象图说内篇》

阳消长的规律。它无乎不在。虽无乎不在，却唯有在《复》的时候看见的最清楚。因为在《复》的时候，阳似乎被剥尽乃又复生于下，表面静默不动，实际则蕴含着一片勃勃生机，这比任何别的时候都更能说明阴剥阳消、剥极而复的客观规律。"

金先生认为孔子所讲的"天地之心"，只是个比喻，"其实就是孔子在别的卦里讲的'消息盈虚'，就是不以人的意志为转移的自然规律。"

这是用现代语言所作的表述，如以古语来说，则是"消长相因，天之理也。"程颐在千余年前早已作出这样的论断。实质意义和金先生的上述表述，并无根本差异。"消长相因"就是指阴阳相反相成所造成的消息盈虚，"天之理"就是"自然规律"。这样看来，金先生的说法，实质上可谓继承古人之说，加以改造而成。或者说，是以辩证唯物主义的观点和语言对旧说注以新意而成。

但是，无论旧说新说，倘若仅以"天之理"或"客观规律"来诠释"天地之心"，则总有不足之感。因为问题在于，单单把它作为一个"客观存在"来看待和解说是不够的，它不单是"客观存在"，而且是"主

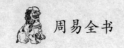

观存在"，它是客观世界的"天地之心"和孔子思想中的"天地之心"化合的结晶。具体地说，就是《复》卦之一阳来复，鲜明地体现出阴阳之间消长相因、消息盈虚的自然规律，表现出元阳复始的众善之首，表现出天地生生不已的气机。约言之，孔子从《复》卦中不仅看出消息盈虚的自然规律，而且对此规律的根本机能在此所起的作用，作了真善美的伦理评价。总而名之，名之曰"天地之心"。这样看，或许更贴近孔子象传的本义。这是笔者读《易》的一点心得，详细情况后面再说。

关于"天地之心"的解释，还有另外一说，也该浏览一番。

玄是否为天地之心

邵康节曾经说过："杨雄作太玄，可谓见天地之心者也。杨雄知历法，又知历理，知历理者，即所谓知天地之心也。"杭辛斋赞同此言，他论述说："《复》之象曰：'《复》，其见天地之心乎！'一阳来复，故生之机动于一阳，而一之数起于人心，人心即天心，天人合一，孔子赞易之微旨，具于是矣。"（《易数偶得》）邵、杭二位先生都以"数理"诠解天地之心，无非是"唯初太始，道立于一"的思想，以一为生生之始，从而说明天地之心，甚至以人心附会天心，既言之草草，又未必符合杨雄玄说的原义。下面我们看看杨雄的《太玄》，找一找其中的天地之心。

历史记载，杨雄写哲学论文《太玄》，是摹仿孔子的《易系辞》，毫无疑问，他这篇论文免不了周易与孔传的影响（当然道家的阴影也很浓重）。杨雄之说的基本内容是，宇宙的本体是谓'玄'，天地阴阳以至万物皆生于玄、而为玄所支配。他说：

"玄者幽擒（音离），万类而不见形者也。资陶虚无而生乎规。揆（音关）神明而定摹，通同古今以开类，摛措阴阳而发气，一判一合，天地备矣。天日迵行，刚柔接矣，还复其所，终始定矣。一生一死，性命莹矣。"

大意为："玄"这个东西，在冥冥中支配万物而不露形迹，取养于虚无而生出圆规，控制神明莫测之变而确立定则，通贯古今，开辟物类，交措阴阳而发出气

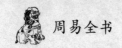

机，阴阳开合，遂成天地。天与日相背而行，遂造成刚柔相摩。天地运动，循环往复，乃形成始终。人之始终，是为生死，生死之间，性与命的情形也就洞若观火了。

杨雄此言，是他的宇宙论，包含四个要点：（一）宇宙本体为万物之主的无形的玄。（二）天道运行周而复始，若圆规然。（三）玄发阴阳而成天地，产生万类。（四）天道人道，循环始终。

另外，在《太玄》的《玄图》中有这样的话：

"夫玄也者，天道也，地道也，人道也，兼三道而玄名之。"

非常明显，杨雄以"玄"为宇宙本体，首先是来之于老子。《道德经》开宗明义即云："无名天地之始，有名万物之母。……此两者同出而异名，同谓之玄，玄之又玄，众妙之门。"王弼注谓："两者始与母也。同出者同出于玄也。……在首则谓之始，在终则谓之母。玄者，冥也，默然无有也。"杨雄以"玄"为虚无，王弼以"玄"为冥默无有，表达稍有不同，内容并无二致。杨雄之玄论，在名称上哲理上资取于道家思想，是最清楚不过的。如果杨雄以"玄"来解释《复》象的"天地之心"，他必然和王弼一样，以无为本。这是思想脉络展开的必然结果。

除了道家思想的影响之外，杨雄的《太玄》既是摹仿孔子《系辞》而写成的，则无论形式内容必定免不了孔子思想的影响。例如前述《玄图》以天道、地道、人道等三道来为玄下定义，显然就是从孔子给周易下的外延定义"《易》之为书也，广大悉备，有天道焉，有人道焉，有地道焉。"（《系辞下》十章）中学来的。另外，尤其重要的是，杨雄所借用和建立的"玄"这一理念，和孔子在《系辞》中所创造的太极这一理念，有一脉相通之处。孔子说："《易》有太极，是生两仪，两仪生四象，四象生八卦，八卦定吉凶，吉凶生大业。"孔子所讲的既是周易的形成、发展、变化的作用，也是宇宙的生成、发展、变化的作用。杨雄的"玄"除了不讲周易之外，作为宇宙观来看，和孔子的太极说对比，有些地方很相像，摹仿的痕迹清晰可见。

由此看来，杨雄的"玄"这一理念，就其基本性质来讲，无妨说是从儒道两家思想的血液中脱胎而生的混血儿。

但是，杨雄并未把他的"玄"视为孔子所说的

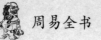

"天地之心"，只是邵康节持有那种看法而已。邵氏那种看法，其实并无新意，在他之前王弼早就把天地之心释为无，把阳复视为返本而返于无了。总之，以道家的消极的复返于无来解释孔子的积极的"天地之心"，既无论证力也无说服力，使人产生空洞飘渺之感。而且，"玄"也罢，"太极"也罢，都属于宇宙本体范畴，是天（阴阳）的始祖，以始祖为心，未免差距过大，流于牵强，所以"玄"为天地之心之说，难以立住脚步。